等笑

박중술 수필집

녹꽃

세종출판사

책을 펴내면서

소년의 꿈은 농부였다. 세상 간섭받지 않고 안빈낙도의 삶을 살고 싶었다. 오늘이 어제로 흘러가고 내일이 오늘로 다가온다. 이것이 쌓여 세월이 되어 나이 먹는 줄 몰랐다. 언제나 푸르른 청춘일 줄 알았다. 인생은 한없이 길고 대단한 것인 줄 알았다. 되돌아보니 긴 것도, 대단한 것도 아니었다. 그렇다고 대충 살았다는 생각은 해보지 않았다.

전쟁과 천연두에 몇 번의 죽을 고비를 넘었다. 그 뒤에도 수마에 걸려 일촉즉발의 위기에서 구해졌다. 얼굴의 천연두 자국 때문에 어두운 소년기를 보냈다. 약관의 나이에 고향에서 공직에 몸담았다. 운 좋게 한참 젊음을 발산할 나이에 대도시로 전보 발령을 받았다. 덕분에 삼십칠 년의 공직을 명예롭게 퇴임했다.

퇴임하자마자 난치병인 파킨슨씨병을 진단받았다. 남은 시간을 어떻게 살아야 할지 막막했다. 한동안 절망의 늪에 빠져 헤어나지 못했다. 얼마의 시간이 흐른 뒤, 기적적으로 동물 본능의 생존욕구가 되살아났다.

　세상일은 내 마음대로 되는 것이 아니라 운명에 따라야 한다는 사실을 깨달았다. 운명처럼 다가온 난치병, 파킨슨과 동거한지 어언 십육 년째다. 이제 바닥난 자존감은 채우고 파킨슨 씨를 대적하느라 소진한 자신감과 자부심을 충전할 때다.

　떨리는 손으로 틈틈이 쓴 졸작을 모아 한 권의 수필집을 엮었다. 여기까지 이끌어 주신 지도교수님께 감사드리며, 문우들과 항상 내 삶의 언저리에서 울타리가 되어주는 지인들, 아울러 날이면 날마다 삶의 에너지를 충전해 주는 가족에게 사랑한다는 말 전합니다.

2024. 늦여름
月村 박 중 술

차 례

■ 책을 펴내면서

제 1 부

013 일병식재—病息災
020 거울은 먼저 웃지 않는다
025 하늘의 뜻
031 아내에게 부치는 편지
036 목숨
039 어머님 전상서
042 삭정이
048 대화
052 고종명 考終命
058 착한 임종

제 2 부

065　고향 집
068　늙은 담장
074　녹꽃
081　농자천하지대본農者天下之大本
087　내리사랑
093　지게
099　천생연분
104　옛집

제 3 부

113 금석문金石文 - 문학과 비석 탐방기
117 보약 같은 웃음
121 글바람
127 공짜는 없다
133 수어지교水魚之交
139 영계의 유서遺書
145 웃음 예찬
151 유자지교柚子之交
157 묘약

제 4 부

163 노모
164 고목의 삭정이
166 금정산
168 당신의 자유
170 동병상련의 이별
172 아내
173 황혼
174 풋보리
175 긍정의 씨앗
176 다라국 소년 1
178 다라국 소년 2
179 다라국 소년 3
180 달빛길
182 능소화

| 서평 | **박양근**
183 귀거歸去와 의지의 표상으로서 자서自敍

제 1 부

육신의 장애와 가슴 무너지는 절망이
밀알 되어 등단의 꽃을 피웠다.
그 꽃은 파킨슨의 방에 작은 등불
하나를 밝혔다.

일병식재 一病息災

그는 나의 일거수일투족 擧手一投足을 통제하려 한다. 시간이 지날수록 더 강하고 사나워질 것이다. 언제 어떻게 내 육신을 싸늘한 침대에 얽어맬지 아무도 모른다. 그가 직접 죽음의 카드를 사용하지 않는다고는 하지만 그를 추종하는 합병증이라는 카드를 언제 불쑥 내밀지 알 수 없다. 벗어날 수 없는 죽음의 공포를 안고 시간을 헤아리다 어느 날 갑자기 생이 끝날지도 모른다는 생각에 세상 어디에도 마음 붙일 곳이 없다.

약관의 나이에 공직에 입문하여 요원의 불길처럼 타오르는 새마을운동에 젊음을 불살랐다. 86아시안게임, 88올

림픽을 대비한 푸른 부산 가꾸기 사업에 열정을 쏟아 대회의 성공 개최에 일조했다. 그 후에는 농산물 도매시장 현대화 업무에 관여하여 시장 두 곳을 건설 개장하여 운영 정상화에 심혈을 기울였다. 정년 삼 년을 남겨두고 영욕의 삼십칠 년의 공직을 마무리하고 물러났다.

오랜 세월 동안 쌓인 업무의 중압감에서 벗어난 마음은 생각처럼 가볍지만 않았다. 어미를 두고 둥지를 떠나는 아기 새가 하늘을 나는 기분이 이럴까 싶다. 한 번도 경험해 보지 못한 백수의 두려움이 앞을 가로막는다.

이제 이를 해소할 길은 말 없는 산 뿐이다. 그날도 여느 날처럼 산을 찾았다. 산행 도중에 한쪽 다리를 흐느적거리며 이상하게 걷는 나의 모습이 아내의 눈에 띄었다. 그즈음 어딘지 모르게 이상 증상이 감지되었다. 오랜 세월 동안 쌓인 업무의 중압감에서 벗어나는 방심에서 오는 몸살이려니 하고 대수롭지 않게 생각하며 검진 예약을 했다.

여러 병·의원의 검진 결과는 하나같이 퇴행성 뇌 질환인 '파킨슨병' 초기 증상이라 했다. 의사 소견을 종합하면 파킨슨병은 신경퇴행성 질환으로 주로 떨림, 근육의 강직, 그리고 몸동작이 느려지는 운동기능 장애를 나타낸다. 질환의 초기에는 자각하지 못할 정도로 느리게 진행되고 증상이 경미해서 적절한 치료를 받지 않는 경우가 종종 발생한다. 이때는 운동장애 증상이 급격히 진행하여 보행이 어렵게 되고 정신계 증상(치매) 및 자율신경계 증상도 나타난다. 일상생활을 전혀 수행할 수 없게 되고 끝내는 사망에 이르는 무서운 질병이다.

처음에는 믿기지 않았다. 그러나 국내 최고의 의술을 자랑하는 종합병원 전문의들의 한결같은 검진 결과이니 믿지 않을 수 없었다. 인생 2모작을 고향에서 지내려고 오래전부터 부모님이 살던 살림살이 관리에 정성을 쏟았다. 이 모두 부질없는 일이 되어버렸다.

세상은 불공평하기 짝이 없다. 어린 시절에 천연두가 덮쳐 죽을 고비를 넘기고 가까스로 목숨을 건졌다. 그러나 흔적으로 남겨진 얽은 얼굴 때문에 마음고생이 적지 않았다. 그뿐만 아니다. 전쟁의 화마에도, 사라호 태풍에도 몇 번의 죽을 고비를 넘겼다. 액운이 그것으로 끝난 줄 알았는데 난치병이 웬 말인가. 그의 시나리오대로라면 나의 죽음은 눈앞에 와 있는 것과 다름없지 않은가. 망백의 어머니와 가족은 어찌하라고! 지난날 일에 파묻혀 건강관리에 소홀했던 내가 한없이 밉기만 하다.

　상념의 밤이 지속되던 어느 날, 자정이 훌쩍 지난 시각이었다. 아내가 다과상을 차려와 마주 앉았다. 아무 말 없이 나의 두 손을 꼭 잡았다. 짧은 침묵을 깨고 작심한 듯 말문을 열었다. "당신 몸이 당신 혼자의 몸인가요. 어머니가 계시는데 왜 이렇게 약한 마음을 먹나요. 당신은 천연두를 이겨낸 이력도 있잖아요. 당신의 상대는 파킨슨이란 병보다 가슴속의 절망 때문입니다. 하루빨리 절망의 수렁에서 벗어나 자식들이나 나에게 당신이 베푼 은혜를 되돌려 줄 시간을 주셔야 합니다." 아내의 뜨거운 눈물이 내 가슴을 적셨다.

　때를 맞추어 큰아들이 『파킨슨병은 이렇게 하면 낫는다』라는 책을 구해왔다. 책에서 도쿄대학 신경내과 사꾸다 마나부 교수는 "파킨슨병은 증상을 완전히 개선하려 안간힘을 쓰기보다, 몸에 병이 있어 주의하다 보면 하루하루를 편하게 지낼 수 있다는 일병식재의 마음으로 자신에게 맞는 건강관리법을 찾아야 한다고 했다. 약물요법을 주축으로 운동요법, 생활요법 등을 조화롭게 실천하면 병이 호전되거나 진행을 더디게 할 수 있다고 한 내용에 용기를 얻었다.

책은 파킨슨을 다스리는 종합처방전으로 부족함이 없었다.

든든한 가족의 응원에 투병의 용기가 솟았다. 피할 수 없는 운명에 절망하기보다 내게 주어진 운명을 개척해 나가기로 마음을 고쳐먹었다. "적을 알고 나를 알면 백전백승"이라는 손자병법의 구절이 생각났다. 적을 알기 위해 책을 펼쳤다. 책은 길어야 3,4분을 대면하는 의사로부터 들을 수 없는 다양한 치료법을 가르쳐 주었다.

파킨슨은 게으른 환자를 가장 좋아한다고 한다. 게으름에 빠지지 않으려고 이를 악물었다. 책이 가르치는 일병식재의 뜻을 이해하고 규칙적인 생활과 운동으로 대처해 나갔다. 걷기, 헬스, 책 읽기, 글쓰기는 필수과목이다. 모임 참석하기, 노래 부르기, 가계부 관리, 집안의 대소사 참석하기 등은 선택 과목이다. 하루 만보 걷기와 육체 운동은 생활화 길에 들어섰다. 그 증거로 투병 전에 허약했던 체중보다 5키로나 늘어났다. 걷고, 뛰고, 읽고 쓰는데 미쳤다. 나의 노력에 따라 진행의 완급이 결정된다는 것을 터득했다. 그에 대한 공포감은 대응 노력에 희석되고 자신감이 싹트기 시작했다.

자신감은 오랜 꿈인 문단에 불을 지폈다. 어둠이 짙을

수록 불빛이 선명하듯 등단의 열망은 밤보다 컴컴한 파킨슨 속에서 더욱 선명해졌다. 너무 한가해서 분주했던 지난날이 그리워지는 그해 늦가을에 떨리는 손으로 펜을 잡았다. 안타깝게도 손은 나의 의지를 외면했다. 손으로는 글을 쓸 수 없었다. 그래도 포기는 없다. 컴퓨터 자판을 그나마 덜 떨리는 왼손으로 두드려 보았다. 느리긴 해도 문장을 다듬을 수 있었다.

작문을 할 수 있다는 자신감에 젖어 시한폭탄을 안고 있다는 것도 잊고 습작에 열중했다. 대가는 근육경직 증상 악화로 돌아왔다. 이열치열 작전으로 대응했다. 아내의 도움을 받으면서 하루 만보 걷기와 맨손 체조를 병행했다. 며칠 후에 하늘이 도왔는지 파킨슨의 훼방이 조금 느슨해졌다. 꿈을 향한 발걸음을 계속했다. '지성이면 감천'이란 말을 믿고 꼼꼼히 읽고 열심히 썼다. 노력은 헛되지 않았다. 파킨슨병 9년 차에 무더위를 뒤밟아온 가을바람에 가슴 뛰는 신인상 당선 소식이 날아들었다.

육신의 장애와 가슴 무너지는 절망이 밑알 되어 등단의 꽃을 피웠다. 그 꽃은 어두운 파킨슨의 방에 작은 등불 하나를 밝혔다. 등불은 나와 가족의 가슴에 희망의 빛이 되었다. 등단을 향해 달려온 길이 고단한 길이었지만 난치병을 견뎌낸 보람이 살아갈 희망으로 손짓했다.

오늘도 우람한 각선미를 자랑하며 늠름한 모습으로 늘어선 은행나무 길을 걸었다. 십오 년 전 그날처럼 일병식재의 마음으로 콧노래를 흥얼거리며 금정산 둘레길을 휘돌았다.

거울은 먼저 웃지 않는다

　　　　　아이는 뚫어져라 거울을 쳐다본다. 맷돌같이 울퉁불퉁한 흉터가 널려있는 얼굴이 어른거린다. 거울을 닦아보고 세수를 해도 거울 속의 얼굴은 그대로다. 아이는 끝내 분을 삭이지 못하고 어깨를 들썩거린다.
　"엄마! 내 얼굴은 왜 이래?" 엄마는 대답 대신 하늘을 쳐다본다. 아이는 불행하게도 태어나자마자 저승사자를 동행한다는 마마에 걸렸다. 불행 중 다행으로 목숨은 구했으나 부스럼 자리에 울퉁불퉁한 흉터가 생겨났다. 그 흉터 때문에 어린 시절 만만찮은 소외감과 열등감에 시달리며 마음고생이 적지 않았다.

그날도 그랬다. 세상을 다 태워 버리고 싶어서일까. 온종일 하천 둑에 불을 지르다 해질 무렵 집으로 향했다. 이런 낭패가 있나. 엄마가 큰돈으로 샀다는 애지중지하던 스웨터를 불을 놓다가 입을 수 없게 태워 먹었다. 오늘 사고는 대형이다. 까칠한 엄마가 그냥 넘어가지는 않을 것이다. 어떤 꾸중도 감수하겠다는 각오로 도둑고양이처럼 살금살금 집으로 기어들어갔다.

예상한 대로다. 꾸중의 위력이 태풍급이다. "낯짝 꼴좋다. 거울을 봐라. 그 꼴로는 거지 짓도 못하겠다!" 아픈 곳을 찌른다. "내 얼굴을 누가 이렇게 만들었나요. 엄마가 아닌가요? 그래요, 이 꼴로 거지로 나서면 되겠네요. 내가 없으면 마음 편하시겠지요?" 문을 박차고 나왔다. 엄마의 야멸찬 꾸중에 사나운 반항아로 변했다.

막상 집을 나오긴 했으나 마땅히 갈 곳이 없었다. 우선 엄마 눈을 피해 짚더미에 몸을 숨겼다. "엄마는 아들이 불쌍하지도 않은가 봐. 그래, 언젠가 나를 주워왔다더니 그게 거짓이 아니네." 진작부터 거지가 되겠다는 생각을 품지 않았던가. 거지가 되면 흉터로 얼룩진 얼굴을 내보이지 않아도 된다. 누구에게도 잘 보일 일 없으니 세수할 일도 없다. 의복도 갈아입지 않아도 된다. 거지는 나 같은 처지의 아이에게 적합하다.

땅거미가 내리는 어스름에 짚더미를 떨치고 길을 나섰다. 하천을 따라 내려가다 논두렁길을 지나 신작로를 만났다. 신작로는 넓은 세상으로 통하는 길이 아닌가. 큰 차들이 지나간다. 저 차만 타면 넓은 세상에 이르게 될 것이다. 차가 지나가면 손을 들기로 하고 발길을 멈추었다.

저 멀리 들판에 어스름이 땅바닥에 깔렸다. 우리 동네가 눈에 들어왔다. 우리 집이라고 짐작되는 곳에 시선이 멈추었다. 그 주변에는 불빛 한 점도 보이지 않았다. 내가 없어진 것을 모르지는 않을 테고 틀림없이 어머니 혼자 나를 찾아 나섰을 것이다. 지금쯤 어머니는 들샘을 헤매고 있을지도 모른다. 돌연 아버지가 보국대에 입대하시면서 엄마 말 잘 듣고 동생을 잘 보살피라 하신 말씀이 퍼뜩 떠올랐다. 집에는 어린 동생만 나를 기다릴 것이다. 우리 형제는 왜 이렇게 불행할까. 서러움에 북받쳐 흐르는 눈물을 주체할 수가 없었다.

금세 사방을 어둠이 에워쌌다. 왔던 길도 나아갈 길도 어둠에 묻혀 버렸다. 시간이 지날수록 어둠은 두꺼워져 사방이 암흑 덩어리다. 어둠이 몰고 온 온갖 두려움과 찬 기운이 몸 구석구석을 스멀스멀 기어올랐다. 새 소리, 짐승 소리, 바람 소리, 내 숨소리까지 두려움의 한기가 느껴졌다. 더 버티다가는 죽음과 마주할지도 모른다. 동생도 걱정되었다. 동생이 기다리는 집으로 돌아가야겠다. 내가 머물 곳은 그곳뿐이다.

집으로 되돌아가는 길은 멀고 험난했다. 돌부리에 걸려 넘어지고 팔다리는 억새에 할퀴어 피가 맺혔다. 겨우겨우 마을 근처까지 왔는데도 집 나간 아들을 찾는 엄마의 목소리는 들리지 않았다. 집안은 쥐 죽은 듯 조용했다. 사립문을 열어도 방문 앞에 다가서도 인기척이 없다. 방문을 열었다. 놀라지 않을 수 없었다. 나의 예상은 여지없이 빗나가고 말았다. 엄마는 꿈길을 헤매고 있었다.

가슴 터지는 울분을 삭이며 어쩔 수 없이 엄마 곁에 누웠다. 얼음장 같은 몸에 온기가 느껴졌다. 두려움에 떨던 가슴도 안정을 되찾았다. 언제 잠들었는지 모른다. 얼마나 잤을까. 아직 방안은 어둡다. 엄마가 호롱불을 켰다. 아들의 얼굴을 만지며 울먹였다.

"얼굴만 얽지 않았다면 얼마나 좋을까! 모두가 어미 잘못이다. 용서해다오." 엄마는 나를 꼭 껴안았다. 나는 잠에서 깨어났지만 눈을 뜰 수 없었다. 엄마의 깊은 사랑을 음미하면서 그대로 잠들었다. 이튿날 아침 내가 깨어날 때까지 엄마는 나를 꼭 껴안고 있었다. 아침 햇살이 유난히 빛났다.

전에 없던 엄마의 사랑에 지금까지 내 가슴에 품었던 열등감과 소외감이 봄눈처럼 녹아내렸다. 엄마에게 맺힌 오해와 불신의 매듭도 풀어졌다. 험한 세상에 뛰어들었다. 세상은 나를 차별하지 않았다. 넘치는 자신감에 거침없이 뛰었다. 세상은 공평하고 자애롭다는 걸 알았다. 거울 속의 엄마와 아이는 함께 웃고 있었다.

하늘의 뜻

　시련 뒤에 또 시련이다. 병증이 나쁘기로 하늘 아래 두 번째 가라면 서러워할 마마에 걸려 가까스로 죽음의 터널을 빠져나왔다. 또다시 죽음의 시련을 내리는 것은 너무 가혹한 것이 아닌가 싶다.
　두 번째 찾아온 저승사자는 내가 여섯 살 때였다. 농사일에 전념해야할 아버지가 갑자기 군번 없는 보국대에 입대하였다. 어쩔 수 없이 엄마 혼자 나와 동생을 업고, 안고 농사일을 해야 했다.
　간밤에 비가 많이 내렸다. 엄마는 동생을 업고 나를 걸려서 우리 논 가까이 갔다. 그런데 장애물이 가로막았다.

개울물이 불어나 아이가 건너기는 위험했다. 아이들이 위험하다고 논에 가보지 않을 수 없다. 엄마는 동생을 업은 채로 먼저 개울을 건너갔다. 아이는 개울을 건널 수 없다고 판단한 엄마는 아이에게 개울 저쪽에서 몇 번을 그 자리에서 꼼짝하지 말고 있어야 한다고 신신당부를 하고선 논으로 향했다.

시간이 얼마나 흘렀을까. 엄마가 몇 번이고 그렇게 간절하게 그 자리에 꼼짝 말고 서 있으라 했는데 그 당부는 어디다 팔았는지, 아니면 저승사자가 급류를 손잡고 건너자고 꼬드겼는지, 그리도 판단력이 둔했단 말인가. 그야말로 눈 깜짝할 사이에 아이는 두 발을 하천 물에 담그고 말았다. 순간 모든 것을 잊어버리고 암흑의 세계를 허우적거리며 죽음을 향하여 떠내려가고 있었다. 이제는 아이가 살아날 길은 어디에도 없었다.

어쩌면 아이가 죽었다는 증거도 못 찾을 곳까지 떠내려 갔을지도 모른다. 그렇게 생명이 촌각을 다투며 급물살에 휩쓸려 가는데 엄마는 그 시각에 무엇을 하고 있었을까? 물가에 아이를 혼자 두고 간 엄마의 마음은 논보다 아이에게 있었다. 그러나 어제까지만 해도 초록 융단 펼쳐 보이며 풍년을 예약했는데, 그 모습은 간곳없고 망망대해로 변해버렸다.

엄마는 망연자실한 채 다른 어떤 것에도 생각이 미치지 못했다. 물가에 혼자 두고 온 아이도 까마득히 잊어버렸다. 이제 막 피어난 벼꽃이 물에 잠겨 떠다니는 것은 수확할 결실이 없어졌다는 것을 말한다.

엄마가 농사짓는 논은 우리 가족에게는 생명선이다. 이 논은 우리가 농사짓기에 우리 논이라고는 하나 실소유자가 아니다. 정확하게 말한다면 일 년 기한 임차농지로 일반적으로 도지라 한다. 만약에 올해 도지농사를 실농할 경우, 가족의 주식이 모자람은 물론이고 내년에 지을 농지를 확보하지 못하는 악순환이 일어난다. 앞으로 일어날 일을 생각하며 가슴이 미어진다.

남편을 징병 보내고 혼자서 겨우 걸음마 하는 두 아이를 업고 안고 있는 힘을 다해 지은 농사가 하루아침에 물거품이 되다니 하늘도 무심하지. 어린 것 데리고 어찌 살까 하는 순간, 물가에 두고 온 아이가 생각났다. 시간이 얼마나 흘렀을까. 불길한 예감이 꼬리를 물었다.

허겁지겁 아이를 두고 간 자리까지 왔다. 아뿔싸! 아이가 있어야 할 자리에 아이가 보이지 않는다. 엄마는 자신이 잘못 본 것은 아닌지 두 눈을 부릅뜨고 주위를 살펴보았다. 아이는 보이지 않고 아이의 하얀 고무신 한 짝만 널브러져 있었다. 신 한 짝만 신고 어디로 갔을 리는 만무하다. 혹시라도, 장난친다고 풀밭에 숨기라도 했을까. 목이 터지라 불렀다. 부르는 소리는 개울물에 휩쓸려가고 아이의 대답은 감감무소식이었다. 눈앞이 깜깜하다. 잠시 전에 손잡고 같이 걸어왔는데, 어디로 사라졌는지 흔적조차 찾을 수 없으니 장차 이 일을 어찌하면 좋단 말인가. 통곡 소리만 물에 잠긴 들판으로 흩어진다.

집안 어른들께 무슨 말로 변명하며 보국대로 간 남편 돌아오면 무슨 면목으로 맞이할까? 아니다, 아이는 떠내려가다 나뭇가지에라도 걸려 살아있을 것이다. 하늘이 내렸다는 마마에 걸려서도 죽지 않았다. 엄마는 아이를 살려달라는 간절한 기도에 목숨을 걸었다.

마침내 엄마는 동생을 업은 것도 잊어버리고 정신을 놓아버렸다. 실종한 아이나, 실종한 아이를 찾아 헤매다 실신한 엄마의 생명도 시간이 지날수록 위태로움이 더해간다. 그러나 물에 잠긴 들판에는 이들의 생명이 위급함을 아는 사람은 없다.

 엄마의 등에 업혀 영문도 모르고 울어대는 동생의 울음소리에 놀랐는지, 아니면 하느님을 친견하고 왔는지 엄마는 정신을 수습하고는 다시 아이를 부르며 통곡의 기도를 이어갔다. 이때다. 사람의 소리가 엄마의 귓전을 스쳐 지나갔다. 흐르는 물소리 때문에 무슨 말을 하는지 알아들을 수가 없었다. 소리 나는 곳으로 뛰기 시작했다. 다가갈수록 사람의 말소리가 분명하게 들렸다.

 "여보시오! 아이를 건졌는데 살아 있는 것 같아요." 아이를 건진 어르신은 흥분하여 말을 제대로 하지 못했다. 엄마는 꿈인지 생시인지도 모르고 허겁지겁 달려갔다.

 어르신께서 논에 물 보러 나왔다가 논이 모두 침수되어 더 볼 것도 없고 해서 신에 묻은 흙이나 씻고 집에 갈 생각으로 개울에 들어섰단다. 이때 헌 옷 같은 것이 떠내려 오는데 가까이 가서 보니 놀랍게도 아이였다. 급류에 휩쓸려 떠내려가는 아이를 무심코 지나가던 사람의 눈에 띄어 생명을 구한 것이다.

 이렇게 두 번째 죽음의 위기에서도 극적으로 구해졌다. 그야말로 끈질긴 목숨이다.

아이를 구해주신 그분은 하늘이 보낸 분이 틀림없다. 억세게도 운이 좋은 그 아이는 지금까지 버젓이 살아 있다.
　이 어찌 하늘의 뜻이라 아니 할 수 있겠는가? 하늘이 내린 소중한 생명이다. 하늘의 뜻에 따라 살다 가리라.

아내에게 부치는 편지

결혼을 인간대사라 한다. 유리거울에 '축 결혼 71년 12월 8일'로 새겨져 있다. 거울에 새겨진 글자는 우리가 아니면 해독하기 어려울 정도로 일그러져있다. 지난 세월이 짧은 연륜이 아님을 증명하기라도 하듯 희끄무레하다.

무엇이 그리도 급해서 군복무 중에 결혼을 시켰나 했는데…. 지금 생각하니 우리 부부의 인연은 전생에 이미 정해져 있었던 것이나 다름없다. 그렇지 않고서야 어찌 당사자들의 뒷모습도 한번 안 보고 결혼을 할 수 있었겠나 싶네. 이렇듯 전생에 운명적으로 맺어진 부부의 연이 끊어질세라 염려한 나머지 서둘러 결혼을 시킨 것으로 생각하오.

우리가 부부의 연을 맺어 살아온 세월이 오십삼 년이나 지났네요. 결혼식은 올렸으나 남편이 사라졌으니 얼마나 황당했을까? 남편 없는 시집살이가 쉽지 않았으리라 생각했는데 그때에 숱한 어려움을 헤치고 묵묵히 살아온 당신에게 늘 감사한 마음으로 살아가고 있다오.

지난 세월 걸어온 길이 순탄한 길이 아니었다고 여겼는데 지나고 보니 꼭 그런 것만은 아니군요! 지금까지 살아오면서 이룩한 결실들은 앞으로 우리가 살아가는데 유용하게 쓰일 것이요. 우리가 힘들고 고달팠어도 그것이 헛되지 않았음에 감사하게 생각합시다. 난치병에 걸려 살아갈 나날들이 조금은 불안해도 너무 걱정하지 맙시다. 세상일이 걱정한다고 해결되는 일이 많지 않음을 경험하지 않았소.

칠 년 전 어느 날 갑자기 난치병과 동거한다는 의사의 진단을 통보받고 하늘이 무너지는 듯한 충격으로 괴로워했었지요. 왜, 하필이면 이런 병을 내게 주셨을까? 무엇을 잘못했을까? 정말 억울하고 분하고 원통해서 세상을 원망하며 눈물도 많이 흘렸다오.

  삼십칠 년의 공직을 퇴직할 때는 무지갯빛 이모작 인생을 그렸다오. 그동안 공직에 매여 가지 못한 여행도 하며 행복한 가정을 꿈꾸어 왔는데…. 오매불망 이 모든 것이 한순간에 물거품이 될 줄 누가 알았겠소.

  이제는 희망의 등불은 꺼졌구나! 그리고 암흑의 불치병이 나를 쓰러뜨리겠지 하는 방정맞은 생각만이 머릿속에 가득 차있었다오. 내 인생은 끝이 난 것이라며 절망의 늪에 빠져 허우적거리며 괴로워하며 방황했었지요.

  그러던 어느 날, 꿈을 꾸었지요. 배경은 이름 모를 산의 벼랑 끝이었소. 난치병에 걸려 살아갈 희망은 고사하고 가족들에게 고생만 안겨줄 바에는 이 한 몸 없어지면 되겠지. 하며 산의 벼랑 끝에서 숨을 몰아쉬며 상념에 젖어 있는데 뿌연 안개구름 속에서 사람 소리가 들렸다오.

  소리 나는 곳을 살피는데 당신이 소복차림으로 내 앞을 지나가면서 울부짖는 한 마디. "당신 먼저 잘 가요. 나도 곧 당신 뒤따라 갈 것이요." 하는데 꿈에서 깨어났소. 나는 그날 밤 당신이 먼저 간 남편의 무책임한 행동을 원망하는 것을 보았소. 그리고 혼란스런 세상 혼자 살아가야 한다고 절망해 하는 모습을 보았소.

비록 불치병을 얻어 몸이 불편하고 미래가 불확실하지만 나란 존재는 가족에게는 아직 없어서는 안 되는 사람이다. 내가 얼마나 어리석은 생각을 했는지도 당신에게 얼마나 큰 죄를 지었는지도 알았다오.

나는 이 세상에 혼자 사는 외톨이가 아니요. 내 곁에는 늘 다른 사람과 다르게 따뜻한 마음으로 나의 손발이 되어주는 당신이 있지요. 그리고 태산준령의 파도라도 막아낼 수 있는 든든한 아들 삼 형제가 버티고 있지 않은가. 불치의 병도 난치의 병도 이겨낼 각오가 되어있으니 걱정하지 마오. 이 모두 당신이 쏟은 정성의 결실이라 생각하오.

우리가 살아온 날들을 돌이켜 보면 고난의 시간도 자랑스럽고 보람의 시간도 있었지요. 결혼 초기에 낮에는 몸에 익지 않은 농사일, 밤에는 집안 살림살이에 남자아이 셋을 키우는 일, 허리 통증이 지금까지도 이어지는 부모님의 병수발, 물설고 낯 설은 객지로 이주하여 자리 잡기까지의 어려움을 어찌 말로 다 할 수 있으리오. 항상 가슴에 묻어두었다 생각날 때 꺼내본다오.

살아온 과정이 만만찮으니 그 결실 또한 적지 않음에 약간의 위안은 되지요? 아들 셋을 다 장성하게 길러 분가한 일은 가문을 잇는 책무를 다함은 물론 인간의 오복이라는 다산의 행복을 누렸으니 이것이 첫째 보람이요. 부족한 남편을 지성으로 보필하여 공무원 직급의 꽃이라는 서기관을 넘어 부이사관까지 승진하여 명예 퇴직하는 영광을 누렸으니 두 번째 보람이요. 선한 자는 하늘이 도운 다 했던가요. 분수에 맞는 근검절약 정신으로 알뜰 살림하여 부족하지도 넘치지도 않은 재물이 있어 노후 걱정 가벼우니 이 또한 살아온 보람이라 하겠지요.

어느 노 철학자가 한 말이 스쳐 지나가네요. 나이 들어 알게 된 행복은 사랑하는 사람을 위해 함께 고생하는 것, 그리고 사랑이 있는 고생이 행복이라고 했다오. 그래요. 고생 없는 행복이 있기나 할까요. 그리고 고생 없는 사랑이 무슨 의미가 있을까요.

행복이란 돈도, 명예도, 권력도 아니고 오직 서로 아끼고 사랑하는 곳에서만 싹트는 것이라오. 우리, 지금까지처럼 궂은일 함께 걱정하고 좋은 일은 같이 기뻐하며 남은 길도 지난날처럼 살아갑시다. 사랑받는 것이 행복이 아니라 사랑하는 것이 행복이라고 하더이다.

목숨

　　새 생명의 기쁨은 오래가지 못했다. 하늘이 내리는 질병이 갓 태어난 아기 몸에 악질이라는 마마님께서 함께 살자고 잠입했다. 그 마마라는 이름은 괴질을 달래는 주술적인 호칭이다.

　천연두의 초기 증세부터 후유증의 흔적까지 고약하기 이를 데 없다는 공포의 질병이다. 야비하게도 영유아에게 감염시켜 오한과 고열이 동반된다. 부드러운 피부에 생긴 물집이 고름으로 변하여 피부가 짓물러진다. 상처가 아물면서 상처의 껍질이 떨어질 때 부주의하여 그 자리에 움푹 패인 흉터를 곰보라고 한다.

그나마 곰보의 흉터가 남더라도 살아난다면 질병을 이겨낸 행운이다. 하지만 여리고 어린 마음에 잔인하게도 평생의 수치심을 안고 살아간다. 시신경 마비로 맹인이 되기도 하고, 뇌신경의 이상 증세로 뇌경색을 얻어 평생 사람 구실을 못하는 수도 허다하다. 그나마 얼굴에 흉터만 남기고 육신이 멀쩡하게 살아난 것은 하늘의 뜻이 아니겠는가.

마마의 본성은 아기의 몸속에서 며칠을 동거하다 죽음으로 몰아넣는 시나리오를 완성하는 것이다. 그 본성의 진행을 막을 방법은 그 시절에는 없었다. 기적적으로 병을 털고 일어나기만을 기다리는 길뿐이다. 아기의 비단결 같은 피부에 붉은 반점이 무리 지어 전신에 피어나면 자지러지는 절규의 울음이 비명에 가깝다.

죽음을 알리는 자명종 소리와 다르지 않다. 자식을 살려달라고 두 손이 닳도록 비는 일밖에 다른 방법이 없다. 그 어미의 심정은 예리한 칼로 자신의 육신을 갈기갈기 벼리는 것보다 더 아팠을 것이다. 바람 앞에 꺼져가는 등불이 된 어린 자식. 아무것도 할 수 없는 어미는 오직 절규의 기도뿐이었다.

어미의 처절한 바람인지 아기의 목숨 줄이 조금은 질겨

진 듯했다. 몸에 핀 고름 물집이 하나둘 터지기 시작하면서 그 자리에는 썩은 살점이 짓이겨져서 밀랍 같은 피부가 형성되어 버렸다. 아기의 모습은 영락없는 미라였다.

숨이 멎었는지, 쉬고 있는지도 분간하기 어렵다. 어미는 다급한 마음으로 아기를 보듬는다. 아기의 심장이 팔딱거리지 않는가. 지성이면 감천이라 했던가. 마마보다 어미의 기도가 강했던가. 아기의 손가락이 꼬무락거리고 숨소리도 새근새근 거리는 것을 보니 마마가 물러나고 있는 모양인가 보다.

아기의 눈망울이 초롱초롱하다. 거북등 같은 가피 조각이 온몸에서 떨어졌다. 신체 곳곳에는 아이의 피부로 돌아왔는데 단 한 곳이 그대로가 아닌 곳이 있었다. 아뿔싸! 얼굴에만 곰보 자국이 옹기종기 모여 있었다. 경황이 없는 탓에 오직 목숨만 살려달라는 비손으로 아이의 손을 고정하지 못한 결과에 어미의 가슴에 또다시 비수가 꽂혔다.

그래도 태산준령의 고비를 넘겨 희수喜壽를 맞이하니 기쁘지 아니한가. 하늘이 부르는 그날까지 소중한 목숨 즐겁게 살다 미소 머금고 가리다.

어머님 전상서

　어머님! 큰아들이 태어난 지 육십팔 년이 되는 날입니다. 세월 참 빠르지요? 세월은 누구에게나 공평하게 주어져 법적으로는 어머님과 아들이 똑같은 노인이 되어버렸네요. 오늘은 동생들을 비롯하여 아들, 며느리, 조카, 질부 그리고 눈에 넣어도 아프지 않은 손자손녀들이 다 모였습니다.

　어머님도 기쁘시지요? 아들도 기쁘기 한량없어 가슴이 벅차오릅니다. 오라비 생일이라고 불편한 몸으로 천 리 길을 달려온 동생이 있어 더욱더 기쁩니다. 이렇게 온 가족이 모인 것은 아들의 생일 축하 자리이기도 합니다.

　이 아들을 낳으신 어머님께 축하드리는 자리기도 합니다. 이 세상 어머님들의 공통점이 첫째 아들을 낳으실 때가 당신의 생애 가장 행복했던 때라고 합니다. 어머님도 분신 같은 큰아들을 낳으신 육십팔 년 전 오늘이 가장 행복한 날이었을 것입니다. 그러나 아들을 얻은 기쁨은 잠시 나타나 없어지는 신기루처럼 사라지고 시련의 강과 역경의 태산이 삶의 길을 막아 절망하셨지요.

 전쟁의 포화가 가족들의 보금자리를 집어삼키는 난리통에 어린 동생과 나를 업고 안고 남의 집 문간방에서 숙식해야 하는 어려움도 있었지요. 설상가상으로 아버지는 국가의 부름을 받아 주소불명지로 군대도 아닌 군대에 군번도 없는 군인으로 입대하셨지요. 어머님은 가족들의 생계를 위해 낮에는 뙤약볕에서, 밤에는 길쌈으로 수많은 밤을 뜬눈으로 지새며 주린 배를 허리띠로 졸라매어 허기를 견뎌야 하던 세월도 있었지요.

 그리고도 설상가상은 이어졌지요. 그야말로 하늘이 무너지고 땅이 꺼지는 듯한 절망의 고통을 안겨주는 사건이 벌어졌지요. 그 시절에는 저승사자가 괴질과 동행하기에 걸렸다면 살아남는 것은 하늘의 별 따기보다 어렵다는 홍역이 핏덩이 아들에게 전염되었지요. 숨이 끊어짐과 이어짐을 반복하는 위기를 슬기롭게 대처하여 죽음의 문턱에서 살아왔지 않습니까.

　당신은 고생스러운 삶을 이어 오면서도 자식들에게는 가난을 물려주지 않겠다는 일념으로 일생을 살아오신 어머님께 경의를 표합니다. 예로부터 부모의 은혜는 하해와 같이 깊고 태산과 같이 높다고 했지요. 이 깊고 높은 은혜를 어찌 다 하리오. 흉내라도 내본다고 저와 아내 나름으로 노력하는 데도 어머님의 염원에는 부족함이 많으리라 생각합니다.

　어머님! 사람 한평생 긴 줄 알았는데 지나온 날 뒤돌아보니 어제 같네요. 남은 세월이 얼마가 될지는 모르지만, 이 세상 다할 때까지 지금 이대로 살았으면 좋겠네요. 아프면 병원 가자하시고, 먹고 싶은 것, 입고 싶은 것 있으면 자식에게 사달라고 하세요. 아들의 진실한 소망은 오래오래 함께 사는 것입니다.

　어머님의 한 많은 일생을 편하게 모시고 싶습니다. 한 번 웃으면 한 번 젊어지고, 한 번 성내면 한 번 늙어진다는 말처럼 웃으며 삽시다.

　　　　　　　　　　　큰아들의 생일상 앞에서 2015. 12. 6.
　　　　　　　　　　　　　　　　　　　　큰아들 드림

삭정이

 어머니 연세 망백이다. 여든 넘어서까지 농사꾼이었다. 십여 년 전 농사일로 허리 골절상을 입은 후 일손 놓으시고 졸지에 주간보호 원생으로 등록했다. 반세기가 훌쩍 넘는 세월을 농사일로 보낸 몸이 온전할 리 만무하다. 근래 들어 병원 출입이 잦아지더니 급기야 중환자실 침대에 몸을 뉘었다.
 어머니의 생명은 벼랑 끝을 걷는 듯 아슬아슬한 곡예를 한다. 독감 예방접종 백신의 효능을 의심하지 않을 수 없다. 만나면 인사가 독감 예방접종했느냐 할 정도로 챙기는데 병·의원마다 독감 환자가 넘쳐난다. 어머니도 예방접

종이 무효임을 증명이라도 하듯 일찌감치 독감 환자 대열에 끼어 입 퇴원을 거듭했다. 독감의 기세는 현대의술을 비웃기라도 하듯 좀처럼 진정되지 않았다. 어머니는 고령에다 바닥난 체력이 독감의 위세를 감당하기에는 역부족이었다. 의사의 설명에는 동감하지만 마음은 개운치 못하였다.

어제부터 갑자기 어머님의 기침소리와 숨소리가 가파르다. 다급히 동네 의원에 갔다. 잠시 후 나타난 의사의 얼굴에서 심각성을 감지할 수 있었다. 급성폐렴 증상으로 위급한 상태이므로 종합병원에서 치료하는 것이 좋겠다고 진단했다.

대학병원 응급실로 직행했다. 일각이 여삼추다. 병원으로 가는 내내 어머니 얼굴만 바라보았다. 밭이랑처럼 촘촘한 주름은 90년 인생의 파란을 말하는 듯 힘없이 처져있었다. 눈 한 번 깜박일 기력도 없는지 감은 눈은 몇 시간째 그대로였다. 이따금 몰아쉬는 한숨은 마지막을 알리는 신호처럼 다급하게 들렸다. 얼굴에는 핏기라곤 하나 없는 창백 그대로다. 죽음은 이렇게 다가오는구나. 인생무상을 되뇌는데 병원 응급실 앞이다. 응급실은 중

환자로 가득했다.

　의료진들의 움직임은 질서가 정연하여 조금도 흐트러짐이 없었다. 접수와 영상 촬영 판독 혈액검사 등 설명이 그야말로 거침없이 빠르게 진행되었다. 위급환자 보호자의 심정을 배려하는 신속 대처에 감탄사가 저절로 나왔다. 병원 도착 한 시간 후 정○○ 검사 완료라는 표시가 전광판에 나타났다.

　담당 의사의 검사 결과는 급성폐렴이라고 한다. 폐렴은 폐에 염증이 생겨 정상적인 폐 기능을 하지 못하는 질병으로 가래, 호흡곤란 등의 증상을 보이며 심할 경우 호흡부전으로 사망에 이르는 질병이다. 지구상에 가장 많은 사람이 희생된 질병이라며 현재 위험상태라고 한다. 주사나 항생제 투여 결과가 좋지 않게 나타날 수도 있으니 만약을 대비하라고 한다.

　응급실에서 중환자 응급 입원실로 옮겼다. 바쁘게 움직이는 의료진의 진료 효과는 아직 나타나지 않았다. 어머니는 한나절을 미동도 없이 간간이 거센 숨을 몰아쉬었다. 무거운 시간은 자정을 넘어 새벽으로 가고 있었다.

　평소 어머님께서 소원하던 대로 주무시는 듯 가실까 두

려웠다. 마냥 기다리고만 있을 수 없었다. 깊은 잠을 깨우듯 흔들며 소리 질렀다. "어머니! 이렇게 가시면 어떻게 해요. 눈을 떠 보세요." 이러기를 수없이 반복했다. 아들이 간절히 부르는 소리를 들었는지 이윽고 몇 시간 동안 감았던 눈을 떴다. "여기가 어디고?" 오랜만에 듣는 반가운 목소리다. 담당 의사도 기적이 일어났다며 기쁨을 감추지 못했다.

망백의 시련은 끝나지 않았다. 안녕히 주무셨어요? 아침에 주고받는 인사가 예사말이 아님을 실감하는 아침이다. 어머니가 밤중에 화장실 가시다 넘어져 꼼짝을 못 하신다. 이번에도 척추 골절이라면 일곱 번째다. 그간의 시술 통증 때문인지 병원에 안 가시겠단다. 뼈를 깎는 아픔이란 말처럼 그 통증이 오죽했으면 어린아이처럼 억지를 부리나 싶어 가슴이 아려온다. 시술을 빨리하지 않으면 다시 일어나지 못할지도 모른다는 며느리의 협박에는 못 이기신다.

MRI 사진을 들여다본 의사 선생이 빙그레 웃는다. 의사 경력 이십 년에 척추 일곱 마디를 접합 시술한 환자는 처음이라 기가 막혀 나온 웃음이란다. 지금까지 시술한 부위는 이상이 없으나 이번에는 골절 부위가 시술하기 까다롭기도 하고 고령이라 성공을 확신하기는 어렵다며 걱정스러운 표정을 지었다.

  어머님의 인생은 시련과 질병의 여정이다. 엄마의 갑작스러운 병사는 시련의 시작이었다. 엄마를 보낸 슬픔을 잊을 즈음에 일본군 위안부 소집 적령기였다. 이를 피하기 위한 은둔의 나날은 죽음과 다를 바 없었단다. 곧이어 발발한 한국동란은 삶의 꿈을 산산 조각냈다. 보금자리와 가재도구는 한 줌의 재가 되고 아버지의 생명을 위협하는 징병과 보릿고개를 맞았다.

  그때의 고통과 서러움들이 켜켜이 쌓여 어머니의 생명을 위협하고 있는지도 모를 일이었다. 육신은 피골이 상접하여 살 한 점 찾기 어려운 지경에 이르렀다. 골다공증이 심하여 엿가락 속처럼 구멍이 숭숭해서 스치기만 해도 힘없이 으스러지는 고목의 삭정이와 다르지 않았다.

  다행히 걱정과는 달리 조기 회복되어 퇴원 판정을 받았다. 오랜만에 어머니의 웃는 얼굴을 보았다. 아직은 계단을 오를 기력이 없다. 아들이 힘들다고 등에 업히기를 사양하는 어머니를 억지로 업었다. 이럴 수가 있나. 갓난아기 업은 것과 다름이 없다. 이런 몸으로 어떻게 숨을 쉬고 생명을 지켜왔는지 의심스럽다. 이 지경이 될 때까지 나는 무엇을 했단 말인가.

　어머님은 몇 번째 저승길에서 되돌아오셨다. 그때마다 "사람 목숨 모질지, 이렇게 아픈데 왜, 안 죽노?" 진정 죽음을 기다려서 하시는 말씀은 아닐 것이다. 누구도 죽음을 피할 수 없다는 사실을 모르지 않으면서 영원히 살 것처럼 준비한다. 어머님 역시 그렇게 준비해왔다. 그러나 당신을 위한 준비가 아니라 오직 자식을 위한 준비였다는 것을 나는 알고 있다.

　어머님과 영원한 이별의 순간이 가까워지고 있다는 사실을 나는 잊고 산다.

대화

캐럴송이 하늘 높이 울려 퍼진다. 곱게 들릴 리가 없다. 전지전능한 하느님께서는 설마 잊지 않았을 테지요. 아이가 태어나 탯줄도 마르기 전에 천연두를 앞세워 천국으로 데려가려다 어머님의 간절한 기도에 감복하여 새 생명을 하사하신 사건 말입니다.

천연두가 지나간 증표로 아이의 고운 얼굴에 흉터가 훈장처럼 남겨졌다. 아이의 수명장수와 부를 보증하겠다는 약속의 증표라 하지 않았나요. 젊은 시절에는 흉터 때문에 적지 않은 마음고생을 했지요. 어머님은 고비마다 하느님은 정직하여 하느님이라 부른다며 너와의 약속은 꼭 지킬 것이라고 위로하였다.

하느님도 약속을 어길 때가 있나요? 어머님의 말씀을 희망 삼아 열심히 살아 여기까지 왔다. 파킨슨씨병을 진단받기 전까지는 하느님의 약속이 이행되고 있다고 굳게 믿었다. 그런데 하필이면 불치병으로 악명 높은 파킨슨씨병으로 나를 데려가려 극성인가요?

하느님!

내가 무엇을 잘못했습니까. 한평생을 공직에 몸담아 나름대로 열심히 공무를 수행하다가 때가 되어 물러났습니다. 양친 부모님을 정성껏 모시다 때가 되어 하느님 앞으로 고이 보내 드렸습니다. 처자식 근사에 게으름 부리지 않아 건강한 가정을 꾸려 잘 살고 있습니다. 아이는 어른이 될 때까지 이렇게 살았습니다. 잘못 살지는 않았다고 생각합니다.

"그래, 잘 살았네."

현대 첨단의술은 인명은 재천이란 말을 부정한다. 의술과 환자 자신의 극복 의지에 달렸다. 지금은 첨단 의술의 질주가 워낙 거세어 하느님도 지켜보고 있다. 이런 상황에서는 하느님이 파킨슨을 내렸다고 원망하는 일은 아무

의미가 없다. 오직 슬기로운 대처로 병을 극복하는 것이 정답이다.

순록은 모진 추위를 감내하고 살면서도 선행의 대명사 동물이라고 한다. 모든 생물은 자신을 보호하기 위한 비장의 무기 하나쯤은 가지고 있지. 이는 세상살이가 그리 만만치 않다는 것을 모르지 않는 하느님의 배려라 생각해라. 그런 차원에서 순록에게 험악한 뿔을 달아 주었지.

순록은 기특하게도 그 뿔을 유효적절하게 이용하더군. 암컷이 임신하면 수컷은 봄에 생명과 같은 뿔을 제거하여 암컷과의 먹이 경쟁에서 양보하여 암컷의 생산 활동에 도움을 준다. 그야말로 살신성인의 표본이다. 순록은 눈동자를 변화시켜 극야의 어둠에서 먹이를 찾는다. 이렇게 하여 극한과 극야를 극복하는 지혜를 발휘한다.

너희는 만물의 영장으로 태어난 것만 해도 하느님의 사랑을 한껏 누린 것이다. 병들어 사는 세월도 다시없는 인생의 일부분이다. 내 몸의 병은 내가 자초한 실수며 실수한 나를 측은히 여기며 더욱 아끼고 살피는 일에 게으르지 말아야 한다. 요즘은 무병장수가 아니고 일병장수 시대라 하지 않는가.

"모든 세상일은 마음가짐에 있다. 네 가슴속에 있는 네 마음은 어느 누구도 어찌할 수가 없다. 너를 지킬 자는 오직 너뿐이다. 지금 이 시간부터 신병의 두려움은 흐르는 세월의 강에 던져 버리고 날이면 날마다 새로운 마음으로 여생을 누리거라. 인생은 어차피 생로병사가 아니던가."

고종명 考終命

어머님 세수(歲數) 아흔 다섯이다. 며칠 전부터 "올 설에도 아이들은 다 못 오제? 그놈의 코로나가 원수다."라고 하신다. 칠십오 년을 함께 한 아들이 그 속내를 모를 리 없다.

코로나19의 기세가 만만찮다. 당신의 비속 가족을 모두 소집하기란 여간 조심스러운 일이 아니다. 몇 년 전에 당신께서 급성 폐렴으로 위기를 넘기신 적도 있다. 그리고 아들도 시한폭탄 같은 기저 질환을 앓고 있고 고3 수험생 손자도 있다. 섣불리 결정할 일이 아니다.

그렇다고 어머님께서 하신 말씀을 외면할 수 없다. 그

말씀에는 손자 손녀들이 보고 싶은 할머니의 간절한 소망이 담겨있기 때문이다. 그것을 알고는 어떤 장애물도 장해가 될 수 없다는 것을 깨달았다. 마치 며칠 후에 일어날 엄청난 비밀을 미리 알아버린 것처럼 가족의 반대를 무릅쓰고 소집령을 내렸다.

임인년 설날 아침이 밝았다. 이 년여 만에 가족들이 모두 모였다. 산사처럼 조용하던 집안이 사람 사는 것처럼 북적거린다. 부쩍 커버린 손주들을 바라보는 즐거움에 넋이 나가 시끄러워도 시끄러운 줄도 몰랐다. 그런데 누구보다도 오늘을 기다렸을 어머니가 안 보인다. 어제 밤늦게까지 세뱃돈과 입을 한복을 당신 손수 챙겨두었는데 이상한 일이다. 군 복무 기간 삼 년을 제외한 칠십여 년을 한 지붕 아래 살아도 어머님을 깨워 본 기억이 없다.

여러 가지 억측을 하면서 방문을 열었다. 놀라지 않을 수 없었다. 평소에는 척추 시술 후유증으로 등이 활처럼 굽어 바로 눕지 못한다. 그런데 오늘은 놀랍게도 반듯이 누워계신다. 간밤에 척추를 또 다쳤는가. 아니면 잠시 깊은 잠에 빠졌는지 종잡을 수 없다. 어머님! 하고 큰소리로 부르며 흔들어 깨웠다. 아무런 반응이 없었다. 놀란 나머지지 아내가 일으켜 물 한 술을 입으로 떠 넣었으나 삼키지 못한다. 맥박은 여리게 뛰고 외상이 없는 혼수상태였다.

불길한 예감에 가슴이 두근거렸다. 그 와중에도 골든타임이라는 단어가 생각났다. 망설임 없이 119를 불렀다. 그야말로 번개 출동이다. 도착한 119 대원들의 행동은 민첩했다. 언제 벌써 어머님은 구급차에 올라 있었다. 병원을 향하는 구급차는 굉음을 토하며 텅 빈 도로를 질주한다.

얼마나 달렸을까. 갑자기 차를 세운다. 가슴이 덜컥 내려앉았다. 아니나 다를까. 한 대원이 심각한 표정으로 말했다. 지금 출동하고 있는 B 병원은 위급 환자가 넘쳐 다른 병원으로 지정할 때까지 대기한다고 했다. 생명이 경각頃刻을 다투는데 대기라니 기막힐 노릇이 아닌가. 맥박을 확인하기 위해 어머님의 손목을 잡았다. 손가락처럼 가느다란 팔목에 맥박이 미약하게 뛰고 있었다. 아직 생명의 불씨는 꺼지지 않았다. 빨리 다른 병원으로 가자고 소리쳤다. 다행히 곧바로 지휘부로부터 M 병원을 추천받았다. 곧장 그리로 달려 도착했다.

설날 아침에 병원을 찾는 환자가 위급하다는 것을 모르지 않을 텐데, 병원 측의 늑장 진료에 애간장이 녹아내렸다.

응급실에 들어간 지 한 시간이 넘었는데도 깜깜하다. 구급대가 벌어놓은 골든타임을 병원이 허송하고 있다는 생각에 응급실 문을 박차고 들어섰다. 그제야 전문의가 재택근무 상태에서 영상진료를 하다 보니 좀 늦는다고 해명했다.

잠시 후에 영상 기사 복장을 한 청년이 흑백 사진 한 장을 들고 나타났다. 청년은 응급실 입구에서 영상을 설명하기 시작했다. 과히 충격적이었다. 어머님은 자발성 뇌출혈로 인해 뇌사상태가 진행 중이며 생명이 위태롭다고 했다. 발생원인 등 상세 진단은 상급병원의 정밀 검사에서 알 수 있다는 소견을 설명하고는 질문할 틈도 주지 않고 서둘러 어디론가 사라져 버렸다.

도저히 믿을 수 없다. 아닐 거야! 오진일 수도 있다. 달랑 흑백 사진 한 장으로 생사를 예측하는 것은 섣부른 일이다. 이대로 보내면 두고두고 후회할 것이다. 사람이 할 수 있는 일을 다 하고서 하늘의 뜻을 기다리는 심정으로 또 다른 종합병원 응급실 문을 두드렸다.

종합병원의 역동적 분위기는 상급병원다웠다. 의료진의 적극적인 진료는 긍정적인 결과를 기대하게 했다. 그러나 그 기대는 처음 간 병원의 진단을 재확인하는 성과에 만족해야만 했다. 인명은 재천이라 하지 않았던가. 이제 하늘이 어머님께 부여한 명이 여기까지라 생각하니 오히려 마음이 편안해져 온다. 어머님의 얼굴에도 화색이 감도는 듯하다.

어머님의 삶도 같은 시대의 여느 아낙과 다르지 않았다. 적어도 외할머니가 돌아가시기 전까지는 그랬다. 어머님 나이 13세에 외할머니가 갑자기 질병으로 돌아가셨다. 그때부터 고난의 인생 수업이 시작되었다. 엄마 잃은 슬픔의 눈물이 마를 겨를도 없이 가사와 외할아버지를 모시는 안주인 역할이 양어깨를 짓눌렀다. 설상가상으로 일본군 강제위안부 소집령이 내려졌다. 이를 피하기 위한 은둔 생활이 한 해 동안 이어졌다. 공포에 휩싸여 절망의 눈물을 흘리면서 소집면제의 희망을 찾아냈다.

이쯤에서 시련은 끝난 줄 알았다. 착각이었다. 산그늘처럼 소리소문 없이 산부인과 질병이 찾아왔다. 생명을 구하는 길은 오직 목숨을 담보한 대수술뿐이었다. 영화나 TV에서 볼 수 있는 일본군의 '마루타' 생체 실험을 연상케 하는 수술의 고통을 경험했다. 간신히 목숨은 건졌으나 부실한 예후관리로 골다공증 등이 심화되어 일곱 차례의 척추골절 접합 시술을 했다. 안타깝게도 잦은 시술의 후유증은 뼈를 깎는 고통을 평생 달고 살아야 했다.

이러한 역경을 넘어온 저력이 어머니로 하여금 삶의 의지를 다잡는 실마리가 되었을 것이다. 중국의 어느 대왕은 고苦자 한 글자로 백성 교화에 성공했다. 사람의 일생은 태생의 고로 시작해서 삶의 고를 거쳐 죽음의 고로 마감한다고 설파했다.

어머님은 대왕이 주창한 고苦의 해법을 몸소 실천하였다. 가난의 고통을 두려워하기보다 낮에는 농사일을 하고 밤에는 베틀에 앉아 근검절약을 몸소 실천하여 가난의 고를 벗어났다. 인생은 공수래공수거가 아니라 빈손으로 왔다가 업적 하나 정도는 남기고 가야 한다고 했다. 당신께서는 이를 실천하기 위해 자신의 몸을 그렇게도 혹사하였는지도 모른다. 근검절약정신으로 이룩한 땅을 고스란히 남겨두고 가셨다. 근검정신은 자손들에게 전설로 이어질 것이다.

어머님! 이제 이승의 무거운 짐 내려놓고 가벼운 마음으로 떠나소서! 어머님은 하늘이 내린 순리를 쫓아 임인년 정월 초사흗날 서쪽 하늘이 황금빛으로 물들 즈음 고통 없이 잠자는 듯 고종명考終命하셨다.

착한 임종

　　　　　　어머님께서 하늘로 가신지 한 달이 지났네요. 갑작스러운 죽음은 우리들의 가슴에 애절한 슬픔으로 남아있습니다. 여명과 함께 소리소문 없이 나타난 저승집사, 하늘의 뜻이라 죽음의 카드를 내밀면서 귀천을 강요했습니다. 그때는 이미 어머님의 영혼은 하늘을 향하고 있었습니다. 억울하고 분하지만 어쩔 수 없었습니다.

　이제 아무리 슬퍼해도 소용없다는 것을 알면서도 슬픔의 늪에서 헤어나지 못하는 것은 아마도 그날 어머님의 귀천을 저지하지 못한 죄책감 때문이라는 생각을 떨쳐버릴 수 없습니다. 칠십오 년의 짧지 않은 세월 동안에 이어진 모자의 정이 하루아침에 단절되는 잔인한 작별 때문이 겠지요. 이제 어머님과의 영원한 이별의 슬픔을 씻어내려 합니다.

그날은 임인 년 설날의 새벽, 여명이 밝아오고 있을 즈음이었습니다. 어머님께서 기침하실 시간인데도 기척이 없어 방문을 열었지요. 순간 섬뜩한 예감에 머리가 쭈뼛해졌습니다. 아니나 다를까. 어머님은 의식을 잃고 주무시는 듯 누워있었습니다.

놀란 아내가 흔들어 깨워 보았습니다. 아무 반응이 없어 급기야 구급차를 불렀습니다. 그때까지만 해도 동네 병원에서 영양제 한 병 투여하면 회복할 거라고 믿고 대수롭지 않게 생각했습니다. 그런데 굉음을 토하며 전력 질주하는 119구급차의 주행 속도와 바쁘게 움직이는 대원들의 행동에서 어머님의 상태가 위중하다는 것을 미루어 짐작할 수 있었습니다.

그러나 한편으로는 그럴 리가 없다는 생각도 없진 않았습니다. 어젯밤 잠자리에 들기 전까지는 평소와 다름없었기 때문이었지요. 증손자들에게 줄 세뱃돈을 손수 챙겨 아내에게 맡기고는 각자의 몫을 정해 주면서 나누어 주라고 당부했지요. 그러고는 우리 내외에게는 설 차례 상 준비는 다 하였느냐? 등등 몇 가지 더 확인하시고 세배는 한복 차림으로 받겠다며 준비해 두고는 곧장 잠자리에 드셨다. 그래서 입원이 곧 회복을 보장이라도 하듯 긴장은 풀리고 마음의 안정을 되찾아 조금은 느긋해지기까지 했습니다.

엄청난 착각을 저질렀다는 사실을 아는 데는 많은 시간이 걸리지 않았습니다. 잠시 후 음침한 응급실 중앙의 싸늘한 철제 침대에 반듯이 누운 어머님의 모습에서 조금 전의 희망은 절망의 수렁으로 빠져드는 느낌이었습니다.

어머님의 상태가 집을 나설 때보다 매우 심각하다는 것을 한눈에 알 수 있었으니까요. 두 눈의 동공은 눈꺼풀 깊숙이 매몰되었고 숨소리는 가늘어졌습니다. 이윽고 담당 의사의 검진 결과 설명이 있었습니다.

어제 이때만 해도 당신의 양발로 2층 계단을 올랐었는데…. 아닐 것이다. 믿을 수 없다. 잠시 후 생각을 가다듬어 기적이 일어날지도 모른다는 실낱같은 희망의 끈을 붙잡고 3차 병원 응급실 문을 두드렸지요. 복잡한 절차를 거쳐 입원하였으나 그 병원 역시 어머님은 다시 일어나기는 어렵다는 사실만 확인해 주었습니다.

"어머님! 눈을 떠 보세요. 무슨 말이던 한 마디만 해보세요." 아들의 절규를 듣지 못하는지 아무리 소리쳐도 어머님은 대답하지 않았습니다. 자는 듯 누워있는 얼굴에서 편안함이 느껴졌습니다. 무엇 때문일까요. 당신의 소망대로 자는 잠에 고통 없이 임종을 맞아 더 이상 죽음을 피할 수 없다면 지금 이대로 고통 없는 하늘나라로 보내드려야겠다는 생각이 스쳐 지나갑니다. 이때 환자의 보호자를 불렀습니다. 어머님이 조용히 숨을 거두었다는 신체적 변화를 알려주기 위함이었습니다.

십여 년을 하루같이 당신 스스로 같은 시각에 기침하시어 세수하고 몸단장하여 아들 며느리 배웅 받으며 요양원 차에 오르던 모습이 눈에 선합니다.

제 2부

마음은 언제나 아프다
어머니의 음성이 고향 집에서 들린다
"지금도 늦지 않았다
날개를 펼쳐 훨훨 날아라"

고향 집

　　친구들과 함께 웃음꽃을 사려고 고향 집에 가끔 내려간다. 서로 다른 삶의 경험이 문학에 대한 토론으로 밤을 새운다. 눈과 귀가 확장되어 마음은 더욱 풍요로워진다. 글을 쓰고 난 뒤부터 따뜻해진 마음이 가족과 친구의 주위를 돌아보며 세상을 따스하게 쳐다보는 버릇이 생겼다.
　　아픈 몸도 긍정의 시선으로 받아들인다. 빈집에서 무너질 듯한 돌담 위에 능소화가 무성해져 어머니의 푸근한 모습인 양 나를 반긴다. 낡은 대문의 나뭇결이 세월에 닳아 나의 주름을 닮아있다.

거름 무더기 앞에 빈집의 곡식과 작물을 쥐로부터 지켜주는 고양이 두 마리가 햇살을 받고 있다. 아래채 귀퉁이에서 숨은 듯 깨진 오줌 두루미가 황톳빛 거름을 위해 칠십 년이나 자리를 지키고 있다.

어린 날 학교에서 돌아오면 우물가로 데려가 등물로 더위를 식혀준 어머니. 아직도 우물 안 맑은 물 위 돌멩이 사이에 이끼가 무성하다. 어머니가 가족을 위해 수없이 길어 올린 물이다. 우물 옆 장독대를 덮고 있는 늙은 포도나무 덩굴이 허허롭다. 해마다 어머니가 즐겨 드시던 엉성하고 시큼한 포도였다. 이제 드실 어머니가 계시지 않으니 허전한 기억만 떠올린다. 침샘 고이며 추억에 잠긴다.

고향 집 방에는 어머니의 검소함과 사랑이 묻어 있다. 어머니의 숨결이 내 마음속에 스며들어 그리움으로 채운다. 생전에 쓰시던 오래된 접시를 버리지 못해 찬장 속이 가득하다. 미련 두고 있는 게 그릇뿐일까. 움켜진 것을 버려야 하는데 단호함이 적은 탓에 아끼며 지키고 있다. 고향 집 물건에 엮인 추억이 살아나면 슬퍼진다. 어머니의 손때 묻은 물건들이 내 마음속에 스며와 그리움을 채우고 있다.

부농을 꿈꾸던 아버지의 논밭은 그대로다. 아직도 자식들의 마음에 풍요의 땅으로 자리 잡고 있다. 한 톨의 나락도 소중히 여겨 흘러 보내지 않았다. 그 쌀을 불려 가래떡을 하려고 방앗간에 갔다. 두 시간을 기다려야 하는 자투리 시간에 황강의 갈대숲에 추억을 만나러 간다.

허연 갈기를 날리며 강바람을 품고서 곡조도 없는 노래를 부른다. 물결에 흔들리는 얼굴들이 기억의 필름으로 펼쳐진다. 옛 친구가 보고 싶다. 누군가의 웃음소리와 물소리가 시간을 끌고 가더니 노을을 가슴 가득 데리고 온다. 붉은 강물이 마음을 물들인다.

창밖 어둠 속 하늘에 보름달과 함께 별이 총총 몰려있다. 어머니가 구십 년 동안 보시던 별을 오늘 내가 보고 있다. 자식들 키우시느라 별만큼 많은 어려움을 겪었을 것이다. 생전에 사랑한다는 말 한마디 못해 후회가 밀려온다. 육신의 아픔을 변명의 무기처럼 세워 벽을 만들어 놓았다.

마음은 언제나 아프다. 어머니의 음성이 고향 집에서 들린다. "지금도 늦지 않았다. 날개를 펼쳐 훨훨 날아라."

고향 집

늙은 담장

　　금단의 표시다. 절구통 같은 몸매에 맷돌같이 울퉁불퉁 거칠고 못생겼다. 그러나 고풍스럽고 소박한 멋이 없는 것은 아니다. 그가 풍기는 예스럽고 소박한 분위기 때문인지 누구도 못생겼다고 시비 거는 사람은 없다. 오히려 세태에 밀려 점차 사라져가는 흙담의 현실이 안타까워 문화재로 지정 보존하는 곳이 늘어나고 있다.
　　어느 시인은 집을 가족의 우주라 한다. 담은 집을 병풍처럼 둘러싸고 있다. 그의 기상은 금단의 표식답게 내유외강 형이다. 5척 단신의 근육질 몸뚱이로 집을 외풍으로부터 보호하고 불량자의 침입을 막아준다. 부수적으로 이웃과의 경계를 명확히 확정하여 분쟁의 소지를 없애준다.

담장의 어원은 "알아야 면장을 하지."라는 속담에서 유래했다. (면장面長이 아님) 논어의 양화 편에 공자의 손자 백리를 훈계하는 대목에 면장이란 말이 나온다. 이는 장벽면대의 준말이다. 배우지 않으면 담벼락을 넘을 수 없다는 뜻이다. 담장에는 양면성이 있다는 것을 알았다. 넘어야 할 담과 넘지 말아야 할 담이 있다는 것을.

선조들이 쌓아온 흙돌담에는 지혜와 해학이 녹아있다. 담은 단순히 금단의 표식만이 아니다. 집안을 아늑한 독립공간으로 꾸밀 목적으로 쌓은 미학적 조형물이다.

담의 소재는 영원불변의 흙과 돌이다. 세속에 물들지 않은 태초 그대로의 흙과 자연의 섭리가 빚어낸 세상에 단 하나밖에 없는 막돌이다. 이들 하나하나가 조형물이라 해도 부족함이 없다.

상량 위에 숨은 도둑의 침입을 막기 위해서 담을 쌓았다. 그 높이가 어른이 발돋움하면 집안을 훤히 들여다볼 수 있을 5척 정도로 야트막하게 쌓아 심리적 안정을 취하는 여유를 부렸다. 이것은 담을 쌓는 본래의 목적에 머물지 않고 일석이조의 효과를 노린 것이다.

지형지물에 따라 안채의 가림과 트임의 조화를 살리기 위해 담장의 높낮이를 조정하였다. 결과적으로 시야가 넓어지고 채광 통풍이 원활하여 쾌적한 환경 조성에 도움이 되었다. 또 선조들은 담쌓는 목적에 거스르는 일이라는 것을 알면서 사잇문을 내어 요긴하게 활용하였다. 사잇문의 애용자는 대문 출입이 자유롭지 못한 여인들이다. 이들은 이곳을 통하여 제사나 집안 대소사에서 남은 음식을 나누면서 아낙들의 고달픈 시집살이 애환을 삭히는 장소라는 소문은 알려진 비밀이다.

고향 집 담장은 내가 초등학생 시절에 온 가족이 개미처럼 붙어 쌓았다. 나는 오래도록 이 담장을 만리장성이라 불렀다. 물론 과장된 표현이다. 그만큼 힘들었다는 시위성 표현이다. 그래도 아버님 앞에서는 힘들다고 말하지 못했다. 두려워서가 아니다. 잠깐의 경험으로도 너무 힘든 일이라는 것을 알았기 때문이다.

담쌓는 일은 집 짓는 어려움에 뒤지지 않는다. 겉보기와는 다르게 예리한 눈썰미와 정교한 솜씨를 요구한다. 그리고 한계에 다다를 정도의 노동력을 필요로 한다. 무슨 일이든 용도에 적합한 재료를 구하면 절반은 성공이라

한다. 흙과 돌이 산야에 지천으로 널려있지만, 응집력이 강한 흙과 담쌓기에 적당한 크기의 돌을 채집하기는 쉬운 일이 아니다.

처음에 돌과 흙을 채집하고 지게로 운반할 때는 가장 힘든 일이라 여겼다. 그러나 본격적으로 담을 쌓는 일은 하나같이 어렵고 힘든 일이었다. 그것은 시작에 불과하다. 흙을 반죽하는 일, 크고 작은 돌을 적재적소에 놓는 일, 돌 사이 공극에 자갈을 채우는 일, 흙을 반죽으로 돌과 돌을 얽어매는 일, 어느 것 하나 힘들지 않은 일이 없다.

굳이 그중에서 가장 힘들고 어려운 일을 꼽으라면 흙을 밀가루 반죽처럼 만드는 일이다. 흙 반죽은 돌과 돌을 얽어매는 접착제 역할을 한다. 흙 반죽의 응집력이 담쌓기의 승패를 좌우한다. 응집력을 높이기 위해 볏짚을 듬성듬성 썰어 넣는다. 반죽 작업은 더 어렵다.

열네 살 사내아이의 삽질이 먹혀들 리 없다. 괭이로 쪼아본다. 어림도 없다. 있는 힘을 다해 뜀박질하듯 밟아댄다. 시간이 지날수록 흙 수렁에 빠진 발은 더 깊이 파고든다. 자연스럽게 오체투지의 자세로 진흙 수렁에 엎드려 쓰러진다. 혼자 일어날 수 없는 상태에 이르렀다. 정신은 몽롱하고 하늘이 노랗게 변했다. 담치는 일은 백년대계다. 그러니 무조건 튼튼해야 한다. 흙담은 게으른 사람이 튼튼하게 쌓는다는 속담이 있다. 먼저 쌓은 반죽 흙이 굳어질 때까지 느긋하게 기다렸다가 적당히 굳어진 후에 다음 층을 쌓아야 한다. 즉 흙 반죽의 양생 정도에 따라 작업 속도를 조절해야 한다.

완공을 눈앞에 둔 어느 날 만리장성이 왕창 무너져 내렸다. 간밤에 내린 도둑 비에 젖어 낭패를 당한 것이다. 그때 안타까워하시던 모습과 재기의 모습을 모두 지켜보았다. 당신의 가슴은 처참하게 무너져 내린 잔해처럼 문드러져 일어나지 못할 줄 알았는데 아니었다. 당신께서는 실패에 초연했다. 재기의 손길은 전보다 부지런했다. 실패 뒤의 재기는 부지런해야 성공할 수 있다는 평범한 진리를 몸소 실행한 것이다.

아버님은 부지런함을 자산으로 남겨주셨다. 이 세상 살아가는데 부지런만 한 수단은 없다. 인내력을 바탕으로 꾸준한 실천력, 끈질긴 노력 외에는 세상에 영원한 것은 없다.

이제 주인 떠난 담장은 서 있기도 버거운지 엉거주춤 내려앉아 허리가 굽어진다. 오래도록 나의 우주(집을)를 지켜주던 담장이 허물어져 간다. 그러나 평생을 두고 잊히지 않는 담치기의 고통은 분명, 나의 삶에 자양분으로 작용하였을 것이다.

녹꽃

검붉은 꽃이 피어있다. 시골집 헛간을 청소하다 형체를 알아볼 수 없을 정도로 부식한 쇠뭉치 하나를 발견했다. 골동품이라도 되는 양 켜켜이 쌓인 흙먼지를 조심스레 털어 냈더니 논밭을 가는 쟁기의 보습이었다. 보습은 쟁기의 심장이다. 쇠가 귀하던 시절에는 농기구의 귀족이라는 별칭을 가지고 있었다.

 농사에 가장 힘든 일은 땅을 갈아 흙을 보드랍게 하여 뿌리가 건강하게 자랄 수 있는 환경을 조성하는 일이다. 말처럼 쉽지 않다. 이 어려움을 해결하기 위해 중국 상고시대에 농사의 신으로 불리는 신농씨神農氏가 쟁기를 만들어 사용을 권장했다고 전해 내려온다.

 쟁기는 지렛대 원리를 이용한 과학이다. 손잡이 역할을 하는 술을 중심축으로 한마루와 성에를 삼각형으로 단단하게 고정한 다음 술 끝에 보습을 장착하면 A자형 쟁기가 완성된다. 쟁기를 끄는 누렁이의 힘은 자연스럽게 쟁기의 몸통을 타고 보습으로 모아진다. 보습은 부러질지언정 휘어지지 않는 절개의 농기구다.

 아버지는 쟁기질의 달인이었다. 논을 가는 일을 큰일이라 하고 쟁기질을 잘하면 큰 일꾼이라고 불렀다. 청년시절에 아버지는 면장이 주최한 쟁기질 경진대회에서 우수상을 받았다. 그때부터 쟁기질을 잘하는 큰 일꾼으로 불려졌다. 아버지가 누렁이 앞에 서면 말을 알아듣는 듯 멍에를 채우려면 벌써 어깨를 내어주었다. 고삐를 흔들면 기다렸다는 듯이 쟁기를 물속으로 끌어들인다. 보습이 땅에 닿는 순간 자세를 낮추어 쏜살같이 땅을 가른다.

 어릴 적 아버지의 쟁기질 솜씨를 보고 있노라면 누구나 쉽게 할 수 있겠다는 생각을 하게 했다. 호기심이 발동하자 백문이 불여일견이라 하지 않았든가. 그래, 한번 도전해 보자며 호시탐탐 기회를 노렸다. 그러던 어느 날 쾌재를 부르면서 덥석 쟁기를 잡았다. 누렁이는 자연스럽게 몇 걸음을 뚜벅뚜벅 걸어 나갔다. 순조롭다 싶었는데 너무나 큰 착각이었다.

  갑자기 누렁이가 난동을 부렸다. 보습은 한 순간에 땅 속으로 파고들어 가 버렸다. 한마루와 승에는 비틀거리며 갈지자로 흔들렸다. 어찌할 줄 모르고 우물쭈물하는데 뚜두둑 하는 소리와 함께 쟁기의 몸체는 갈기갈기 찢어져 버렸다. 보습의 날은 흙탕물 밑으로 자취를 감추어 행방이 묘연했다. 멍에를 벗어던진 누렁이는 미친 듯이 들판을 가로질러 어디론가 사라져 버렸다. 본의 아니게 대형 사고를 쳐버린 것이다.

  쟁기질은 한 해 농사의 기초를 놓는 일이다. 평생을 피땀 흘려 수련한 쟁기질을 가볍게 여기고 허세를 부린 것이 부끄러워 고개를 들 수가 없었다. 괴테는 '눈물과 더불어 빵을 먹어보지 못한 사람은 인생의 참맛을 알 수 없다.' 라고 했다. 쟁기질이 힘들고 어려운 일이라는 것을 미처 알지 못했다. 아버지가 한평생 쟁기질한 거리가 지구 몇 바퀴를 돌았을 것이라는 말을 자주 하셨다. 그때마다 약간의 거짓말이라고 생각을 했었는데 어설프게 일을 저지르고 난 뒤에야 그 말이 거짓이 아니라는 것을 알았다.

  그렇게 먼 거리를 맨발로 걸으면서 논밭의 돌부리에 채여 얼마나 많은 상처를 입었을까. 나무뿌리에 걸려 몇 번이나 넘어졌을까. 잘못을 핑계로 흙탕물을 뒤집어쓰는 모욕은 당하지는 않았을까. 아마도 크고 작은 사고가 수없이 많았을 것이다. 큰 일꾼은 아무 일도 아닌 양 티를 내지 않았다. 당신은 가난 때문에 헐벗고, 못 배우고, 못 먹어도 누구를 원망 같은 것은 1도 내색하지 않았다. 오직 농사가 천직인 양 일생을 바친 진정한 농사꾼으로 칭송받았다.

  그에게 죽음의 그림자가 드리워진 때는 고희를 맞이한 모내기철이다. 그렇게 한 점 부끄럼 없이 살아온 그에게도 불행은 비켜가지 않았다. 그날도 여느 날과 같이 쟁기질을 해나갔다. 얼마를 갈았을까. 오른쪽 엄지발가락이 칼끝에 베이는 느낌과 통증이 동시에 감지되었다. 누렁이를 세우고 환부를 확인했다. 1cm 정도 크기의 상처에서 검붉은 피가 흘러내렸다. 상처를 돌보기보다 모내기가 우선적으로 해야 할 일이라며 응급조치로 어벌쩡 넘겨버린 것이 돌이킬 수 없는 일이 될 줄은 꿈에도 생각을 못했을 것이다.

그러는 사이 환부는 넓어져 가고 앓는 소리는 하루가 다르게 높아만 갔다. 그래도 참을 만하다며 병원 가기를 거부하던 아버지가 갑자기 극한의 통증을 호소하며 당신 스스로 병원 치료를 하러 가자고 독촉을 하셨다. 그때까지만 해도 큰 병원에 가면 완치될 것이라고 믿었다.

의사의 외마디 질책은 귀를 의심케 했다. "왜 이렇게 늦게 오셨나요?" 상처가 난 곳을 통해 이물질과 알 수 없는 세균성 바이러스가 침습하여 치료가 쉽지 않을 것이라는 청천벽력 같은 진단이 나왔다. 말초신경까지 진행되어 최소한 발목까지 절단해야 생명을 구할 수 있다니! 황당한 진단에 망연자실하지 않을 수 없었다. 아닐 거야, 오진일 수도 있다는 생각에 여러 병·의원을 전전하면서 결국엔 골든타임을 놓친 것이다. 호미로 막을 것을 가래로도 막을 수 없는 꼴이 되고 말았다. 시간이 지날수록 환부는 넓어지고 통증은 인내의 한계를 넘어 진통제와 약물에 의존해야 할 처지가 되어버렸다.

오랜 시간을 치료에 정성을 쏟았으나 기적은 일어나지 않았다. 명태 눈알 크기의 환부가 무릎까지 번져도 대수롭지 않게 여겨온 무지함을 후회한들 무슨 소용이 있으랴. 아버지는 그렇게 어처구니없게도 영면의 길로 떠나시고 말았다.

아버지의 목숨을 앗아간 원흉은 쟁기질 사고 때 쪼개진 보습의 조각이라는 것을 뒤늦게 알았다. 그 보습은 아버지에게는 보물 같은 존재였다. 그런 보습 조각이 아버지의 목숨을 앗아가다니 도저히 믿을 수 없었다. 피고름을 흘리며 떠나간 아버지의 분하고 원통한 영혼을 달래기 위해서라도, 또 재발방지를 위해 보습 조각을 찾아내기로 마음먹었다.

억울한 마음에 사무쳐 사고 현장을 낱낱이 파헤치기를 두 시간여. 흙 속에 조각난 쇳조각이 보였다. 보습에서 떨어져 나간 조각인지를 대조하려는데 무슨 까닭인지 가슴이 두근거렸다. 서로를 맞대는 순간 자석처럼 달라붙었다. 두 조각난 보습이 하나가 되었다. 보습의 몸통에도, 떨어진 보습의 조각에도 똑같이 검붉은 녹이 꽃처럼 피어 있었다.

나는 농사꾼이 되지 않았다. 부모님은 농사일이 어렵고 힘든 일이라는 것을 알았기 때문이다. 험난한 세월을 보낸 보습에 핀 녹은 아버지가 이승에서 흘린 피고름이 꽃으로 환생한 것 같았다. 아버지와 일생을 같이한 검붉은 녹꽃이 핀 보습을 오랫동안 바라보았다. 아버지를 죽음으로 몰아넣은 분하고 원통한 마음이지만 아버지는 진즉에 용서하셨을 것이다.

농자천하지대본 農者天下之大本

 농사는 천하의 큰 근본이다. 해마다 정월 대보름이면 풍년을 기원하는 제사를 올린다. 어김없이 농자천하지대본農者天下之大本 깃대가 펄럭거린다. 기원제가 무르익어 갈 즈음에는 풍년을 기원하며 농요를 합창한다.
 "해 뜨면 밖에 나가 일하고/ 해지면 방에 들어 쉬고/ 우물 파서 물 마시고/ 논밭 갈아 먹고 사니/ 누가 다스리건/ 그게 무슨 상관이냐./ 농사가 풍년이 들면 태평성대이지." 이 노래는 영락없는 아버지의 노래이고 그가 꿈꾸는 유토피아다.
 농부는 암울한 일제강점기에 태어났다. 혼란의 해방과

동족상잔의 한국동란이 부른 보릿고개를 풀뿌리와 나무 껍질로 생명을 이어나갔다. 그때 배고픈 서러움, 문맹의 서러움, 헐벗은 서러움을 가난에서 모두 맛보았다. 숱한 서러움 중에서 가장 잔인한 것이 배고픔이라는 것을 그때 알았다. 그 배고픔이 농사의 소중함을 가르쳐준 스승이었다.

농부는 걸음마와 함께 익힌 농사일에 능했다. 특히 쟁기질과 지게질에 남다른 재주가 있었다. 하지만 농사지을 땅이 없어 소작료를 주고 논을 빌려 농사를 지었다. 소작농으로는 생계가 어려워 지게질과 쟁기질로 생활비를 보태기도 했다.

한 해 동안 빌린 땅은 시비관리와 농사기술을 투입할 필요도 없거니와 해서도 안 된다. 결과적으로 소출이 적을 수밖에 없었다. 어떤 이유든 주인의 마음을 털끝이라도 거슬리기만 해도 일방적인 소작료 인상이나 해지 같은 극약처방을 받을 수도 있었다. 때문에 어떤 억울한 일을 당해도 고개를 숙여야 했다.

우려했던 사태는 예고 없이 찾아왔다. 다음해에는 주인이 직접 농사짓겠다는 청천벽력 같은 통보를 해왔다. 농사지을 땅이 없는 서러움이 이렇게도 잔인할까. 땅 주인을 찾아갔다. 다음 한 해만이라도 연장해주기를 간청했다. 퉁명한 목소리로 그럴 수 없다는 말 한 마디 남기고 자리를 떠나버렸다. 땅 주인의 차디찬 목소리에 심한 모멸감을 느꼈다.

시간이 지나면서 땅 주인에게 받은 굴욕감에서 능력은 부족하지만, 남에게 지기 싫어하는 마음이 서서히 돋아났다. 악의적인 오기가 아니다. 선의의 경쟁으로 땅 주인의 경지에 오르겠다는 굳은 결심 같은 것이다. 궁하면 통한다 했던가. 소작 농지를 잃은 위기에서 자작농으로 도약하는 절호의 기회가 찾아왔다.

우여곡절을 거쳐 소작료 시가로 논을 매수하게 되었다. 이튿 날 설레는 가슴으로 현지에 가보았다. 문제의 논 어귀에 도착할 때까지만 해도 기대에 부풀어 있었다. 그 기대가 실망으로 바뀌는 데는 한순간이었다. 혼란스러운 정신을 가다듬고 살펴보았더니 온통 갈대밭이 펼쳐진 것이 아닌가. 앞이 캄캄하고 정신이 혼미했다. 안내자에게 다시 물어보는데 여기가 틀림없이 소작료 시가로 사들인 논이라고 말했다. 논을 산 게 아니고 갈대밭을 산 것이다.

하늘이 무너지고 땅이 꺼지는 심정이 이럴까.

매매가가 소작료 가격이라는 데서 알아봤어야 했다. 처음으로 내 땅을 가진다는 기쁨에 도취하여 현장 확인도 없이 계약을 서두른 것이 화근이었다. 그런데 다행히 늪지대 가장자리에 벼농사를 지은 흔적이 남아 있었다. 이는 내년에도 농사를 지을 수 있다는 희망이 아닌가. 거기에서 약간의 평정심을 찾게 되었다.

이미 내 손을 떠난 주사위는 어쩔 수 없지 않은가. 어설프게 속아 넘어간 자신에 대한 실망은 땅 주인이 되겠다는 오기의 결심에 묻어 두고 서둘러 개간 작업을 시작했다. 묵정논을 개간하기가 여간 어려운 일인 줄은 경험을 통해 알고 있었지만, 갈대밭을 개간하기가 이렇게 어려울 줄은 상상도 못했다. 흐트러진 실타래처럼 엉겨붙은 갈대 뿌리를 캐내고 캐내도 끊임없이 다시 살아났다. 한철만 지나면 갈대는 다시 정글로 변해버렸다. 이런 악순환은 개간 의지를 빼앗아 가기에 충분했다. 그러나 가족의 생계가 달린 중대한 일이기에 포기할 수가 없었다.

'급할수록 돌아가라.'는 격언을 상기하며 잡초를 한꺼번에 소멸하기보다 순차적으로 제거하기로 마음을 고쳐먹었다. 겨울에는 불태우고 갈대의 새순이 돋는 봄에는 제초제를 뿌렸다. 기세등등하던 갈대도 점차 뿌리째 시들어 갔다. 이때 철삿줄같이 질긴 뿌리는 곡괭이로 캐내고, 뾰족한 무쇠 보습이 반달같이 달도록 갈고 또 갈았다. 갈대밭은 해를 거듭 할수록 정상 논으로 변해가고 있었다.

그런데 피할 수도, 정면 도전할 수도 없는 침수가 어려운 문제로 남아 있었다. 이 일이 해결되기 전에는 문전옥답과는 거리가 멀었다. 그래도 해마다 풍년을 기대하며 모내기를 해냈다. 하지만 안타깝게도 여름 내내 땀 흘린 보람도 없이 벼꽃이 필 무렵에 연례행사처럼 물에 잠기는 난리가 벌어졌다. 농부는 거듭되는 침수로 실망의 늪에 빠져 허우적거리며 주저앉기를 반복했다.

마침내 실종 위기의 농자천하지대본이 돌아왔다. 나라의 녹색혁명 바람은 식량 자급자족의 깃발 아래 전국 방방곡곡에서 힘차게 일고 있었다. 농부의 끈질긴 노력에도 미완성으로 남은 침수방지 대책을 농지개량조합이 도와주었다. 둑을 보강하고 배수시설을 현대화하여 상습 침수 지역이라는 오명을 벗게 되었다. 상습 침수 답은 하루아침에 수리안전답으로 탈바꿈했다. 전화위복의 횡재수를 만난 것이다.

횡재수는 여기서 끝나지 않았다. 버리다시피 한 묵정자갈밭이 대대적인 경지정리 사업시행지구에 편입되었다. 거대한 몸집의 중장비가 뿜어내는 괴력으로 평탄작업을 하고 그 위에 황토를 덮었다. 갈대밭과 묵정자갈밭이 문전옥답으로 탄생하는 기적 같은 현실이 눈앞에 펼쳐졌다.

농부의 얼굴에는 웃음이 넘실거렸다. 자작농의 꿈을 성취한 보람과 희망의 웃음이었다. 그리고 모멸감을 준 소작농지 주인에 대한 승리의 기쁨을 전하는 웃음이었다. 황금 들판에 '農者天下之大本'의 깃발이 힘차게 펄럭거렸다. 풍년의 자축제가 무르익어갔다. 농부는 풍물 장단에 어깨를 들썩거리며 함박웃음을 훨훨 휘날리고 있었다.

한평생을 가난의 서러움에서 벗어나려고 몸부림치다 풍요의 세상을 눈앞에 두고 가신 동시대 농부들의 모습이 눈에 선하다. 우리들이 누리는 풍요가 그들의 피땀인 것을 잊어서는 안 될 것이다.

내리사랑

숫돌은 평생을 봉사한다. 겉보기는 펑퍼짐하고 맷돌처럼 울퉁불퉁하게 생겼지만, 그의 몸은 희생의 화신 그 자체다. 몸을 깎는 아픔에도 불평불만 한마디 없이 전신을 내주어 연장의 날을 세워준다.

농사에 사용하는 연장은 의외로 종류도 많고 기능 또한 다양하다. 수많은 여러 종류의 연장을 거부하지 않고 숫돌은 다 받아들인다. 농부의 편의를 위하여 우물의 구석자리에서 쉬는 날 없이 열려있다.

숫돌을 가장 많이 이용하는 연장은 주로 나무나 풀을 베는 낫이다. 남녀노소 누구나 쉽게 사용할 수 있어 국민연장이라 해도 좋을 듯하다. 낫은 한글 자음 첫 글자 'ㄱ'과 같이 간결하게 생겼다. 농사일은 기본이고 그 밖에도 여러 분야에 다양하게 쓰이는 멀티(multi)연장이다. 호미, 괭이 등과 함께 인류가 농경시대를 열면서부터 사용하기 시작하였다.

낫의 생명은 날利이다. 날이 무뎌지면 구멍 난 타이어처럼 제 기능을 발휘할 수 없다. 부지런한 농부는 새벽부터 무뎌진 낫을 사각사각 간다. 숫돌의 등에 물을 흠뻑 뿌린다. 낫의 앞날을 부드럽게 스킨 쉽(skinship)하며 오르내린다. 오를 때는 힘주고 내릴 때는 힘을 뺀다. 중간 중간에 흠뻑 젖도록 물을 먹인다. 낫의 날에 힘주어 밀착하여 오르내린다. 적지 않은 정성과 인내력이 필요하다. 낫과 숫돌의 격렬한 힘겨루기가 벌어진다. 숫돌에서 잿빛 분비물이 흘러내린다. 분비물 사이로 은빛 날이 간간이 보인다. 날이 서고 있다는 청신호다.

이번에는 반대로 등 쪽을 간다. 천천히 오르내리며 고르기를 한 다음 날이 고르게 섰는지를 점검한다. 육안으로는 식별이 어렵다. 엄지의 지문 면을 날에 문지르면 까끌까끌한 느낌이 전해진다. 드디어 몸을 깎아내는 숫돌의 내조와 텁텁한 숫돌물을 덮어 쓴 낫의 수고가 조화를 이루어 예리한 날이 태어난다.

낫이 이기利器이긴 하나 잘못 사용하면 무서운 흉기로 돌변할 수도 있다. 낫을 잡는 순간부터 긴장의 끈을 늦추지 말아야 한다. 낫을 갈 때는 무릎을 꿇고 머리를 조아리는 것도 경건한 마음으로 다루어야 한다는 의미가 숨어 있다.

농촌에서는 낫 놓고 ㄱ자는 몰라도 낫질은 할 줄 알아야 한다. 사내아이는 너나 할 것 없이 걸음마와 함께 낫질을 배운다. 배운다기보다 일상으로 하다 보면 칭찬도 듣고 사고도 치는 과정을 거쳐 기능을 터득하게 된다.

어느 날 아버지로부터 "낫질이 제법이다."라는 칭찬을 들었다. 그 말에 신바람이 나서 만용을 부리다 그만 사고를 내고 말았다. 풀숲의 돌을 미처 발견하지 못해 낫이 돌부리에 걸려 튀는 바람에 왼손 중지 뼈가 보이도록 베었다. 피를 흘리며 겁에 질려 어쩔 줄 모르고 허둥대고 있었다. 바람같이 날아온 어머니가 당신의 낡은 내의를 찢어 상처를 동여매 주었다. 그러면서 "조심하지, 왜 그랬냐." 하며 원망 섞인 꾸중을 하고는 아무 일도 없었던 것처럼 그냥 집으로 가버리는 것이었다.

　냉정하게 되돌아가는 어머니가 원망스러웠다. 언젠가 다리 밑에서 주워왔다는 말이 거짓말이 아니었구나. 사춘기 사내아이의 반항심일까. 아려오는 통증을 참고 간간이 새어 나오는 선혈을 쑥 잎으로 막으면서 풀베기를 계속했다. 어려운 시절에는 낫에 베여도 병·의원 가는 일이 없다는 것을 한참 뒤에 알았다. 베인 상처도 사정을 아는 것처럼 별다른 약이 없이도 며칠 지나니 씻은 듯이 나았다. 그때의 손가락 흉터가 아직도 생생하게 그날의 기억을 되새김질하고 있다.

　낫에 얽힌 추억은 그뿐만 아니다. 초등학교 시절이다. 오전 수업을 마치고 집에 가는 날은 우리만의 풀베기 축제가 기다리고 있다. 책보따리는 마루에 던져두고 보리밥 한 사발을 찬물에 말아 풋고추를 생된장에 찍어 먹으면 끼니는 끝이다. 꼴망태에 낫 한 자루 넣어 등에 걸치고 집을 나선다.

　풀을 찾아 온 들판을 샅샅이 헤맨다. 어쩌다 풀밭을 찾으면 노다지라도 찾은 듯 마냥 신이 났다. 해질 무렵 한 망태기 채워 집에 들어서면 어머니가 무척 반겨주었다. 그릴 땐 개선장군이 된 기분이다. 그때부터 키워온 죽마고우의 정은 지금도 끈끈하다.

  낫의 진가는 벼 베기에서 발휘한다. 국민학교 6학년 때다. 어른들과 어깨를 나란히 하고 벼 베기를 했다. 안전사고를 예방하기 위해 릴레이식으로 거리를 둔다. 낫질 잘하는 큰 일꾼이 먼저 베어나가고 그 뒤를 다음 차례가 베어나가는 식이다. 한줌에 서너 포기를 순간 동작으로 끌어당긴다. 벼 포기는 얼떨결에 사각거리는 소리와 함께 밑동이 가볍게 잘려나간다. 벼 포기는 논바닥에 줄지어 눕는다. 누워있는 벼는 마치 훈련이 잘된 군인들의 열병 행렬을 연상케 했다.

  얼마 전에 두 동강이 난 숫돌을 고향에서 부산 집으로 가져왔다. 동강이 난 숫돌의 몰골에서 그의 몸뚱이가 희생의 화신인 줄 알았다. 숫돌은 자신의 몸을 깎는 아픔을 감내하고 자신보다 강한 낫을 갈아 날을 세운다. 어떤 연장이라도 날을 세우는 일이라면 언제라도 등을 내어준다. 넓은 들판의 벼를 순식간에 베어내는 낫의 위력은 숫돌의 희생에서 비롯된 것이다.

  숫돌은 부모의 내리사랑을 대신하고도 남는다. 대가도

바라지 않고 생색조차 내지 않는다. 재주를 과시하거나 거드름을 피우지도 않는다. 숫돌의 묵언 희생은 오늘을 사는 우리들의 본보기라는 생각이 든다.

하 세월 온몸이 닳도록 제 몸으로 연장을 다듬어준 숫돌이 남들에게는 하찮은 돌멩이로 보일지 모른다. 하지만 나에게는 아버지의 체취를 느낄 수 있는 몇 안 되는 유품이다. 오래 간직하면서 가장이 짊어진 무게를 짐작하는 잣대로 삼을 작정이다.

지게

　　지게는 농부의 필수품이다. 가족의 생계를 지게에 의지하는 농부의 등짐은 무거워야 신이 난다. 사랑하는 가족의 생계를 위해 무거운 짐을 지고 가볍게 웃는 그 웃음이 세상에서 가장 행복한 웃음이다.
　지게는 본체와 본체를 지지하는 작대기와 몸체에 거치하여 알갱이 짐을 싣는 바지게를 통칭한 이름이다. 겉보기와는 다르게 만들기가 만만치 않다. 수평 저울처럼 균형을 유지해야 한다. 똑같은 한 쌍의 원목 구하기가 사람의 짝을 맞추기보다 까다롭다. 굵기와 길이가 비슷하고 가지의 각도가 짐을 싣기에 적당한 쌍둥이 원목이 적합하다. 이를 가볍게 다듬어 사다리꼴로 결합하여 멜빵과 등태를 곱게 땋아 붙이면 지게가 완성된다. 부속품이라 할 수 있는 작대기의 위력은 짐을 지고 일어날 때 빛난다. 합죽선을 닮은 바지게는 퇴비 같은 짐을 실을 때 꼭 필요하다.

지게에는 실을 수 없는 짐이 없으리만큼 다양한 짐을 실어 나를 수 있다. 짐의 귀천도 가리지 않는다. 청탁도 구별하지 않는다. 고체도, 액체도 차별하지 않는다. 매혹의 향기도 진동하는 악취도 구분하지 않음은 물론이다.

지렛대 원리를 원용하여 인간에게 주어진 힘을 최대한 발휘할 수 있도록 고안했다. 앙상한 두 다리와 생뚱맞게 돋은 엉덩이 뿔은 도깨비처럼 엉성하게 보이지만 뚝배기보다 장맛이다.

농부의 곁에는 지게가 떠나지 않는다. 일터에서 이용도가 높고 사용하기 편리하기 때문이다. 길이 좁아 우마차가 들어갈 수 없는 논두렁이나 비탈길의 짐을 나르기에 안성맞춤이다. 지게가 의관이라 하기도 한다. 갑자기 오일장에 갈 때 남루한 바지 적삼을 입어도 지게만 지면 대하기 어려운 사돈을 만난다 해도 결례가 되지 않는다. 지게질은 농사일 중 가장 힘들며 오랜 기간의 수련이 필요한 일이다.

하루는 양수용 원동기를 들판으로 옮겨야 하는데 선뜻 나서는 일꾼이 없었다. "제가 한번 져 볼까요?" "너는 안 돼! 무거운 짐을 질 때는 힘을 쓰는 요령과 경험이 있어야 해." 그래도 물러서지 않는 아들이 대견했던지 슬며시 한 발 뒤로 비켜선다. 이때 지게 밑으로 들어갔다. 이런 낭패가 있나. 목발이 자석처럼 땅에 붙어 끄떡도 하지 않는다.

아버지는 이미 아들은 이 짐을 지지 못한다는 것을 알고 있었다. 아버지는 준비운동을 마치고 마치 차력사가 힘을 모으듯 아버지도 그러했다. 지게에 짐이 안전하게 실린 것을 확인하시고 기합 소리와 함께 보란 듯이 무난히 일어섰다. 역시 지게질의 달인은 하루아침에 되는 것이 아니었다.

그때는 하루 세 끼 먹기도 어려운 시절이라 중학교를 마치면 농사꾼이 되는 것은 당연한 일로 여겼다. 그럴진대 일찌감치 겨울 방학을 이용하여 지게질을 배워 아버지를 능가하는 일꾼이 되겠다는 각오로 지게를 사달라고 졸랐다. 어찌 된 일인지 아버지는 아무런 대답이 없었다.

우연한 기회에 이웃에 사는 형의 도움으로 먼 산에 나무 하러 가는 기회를 잡았다. 지게는 물론이고 나무하는 연장도 그 형이 준비해 주었다. 소풍 가는 기분이었다. 날아갈 듯 기쁜 마음으로 고개를 넘어 계곡을 지나 나무 자리에 도착했다.

　나무하는 솜씨와 경쟁도 전혀 예상 밖이었다. 산을 오를 때의 정다운 분위기는 어디에도 찾아볼 수 없다. 좋은 나무 자리를 차지하기 위한 신경전이 벌어졌다. 마치 야생 동물이 활동 영역을 표시하듯 생존경쟁의 체험장이라 해도 좋을 듯했다.

　처음 보는 광경이라 어쩔 줄 모르고 당황하기만 했다. 보다 못한 형들이 내 나무를 해 주기로 한 것이다. 의리 넘치는 형들의 낫질 경연장이 펼쳐진다. 순식간에 두부모 같은 나뭇짐이 완성되었다.

　이제 지고 가기만 하면 된다고 자신만만했다. 구불구불한 자갈길 산등성이를 숨 가쁘게 넘었다. 얼마나 왔을까? 어깨와 등이 쓰라리더니 옷에 붉은 피가 묻어났다. 빙판 비탈길을 간신이 지나왔다. 이번에는 좁다란 벼랑길이 나타났다. 지레 겁먹은 두 다리가 후들거렸다. 이를 악물고

고갯마루까지 왔다.

 비 오듯 흐르는 땀을 훔치며 갈 길을 내려다보았다. 돌아가야 할 집까지는 아직 까마득하고 주위를 살피는데 아무도 없다. 해는 노을에 싸였다. 더 이상 나뭇짐을 지고 내려갈 용기도 힘도 없었다. 초조와 두려움이 가슴을 죄어왔다. 하룻강아지 범 무서운 줄 모르고 덤빈 게 후회막급이었다. 여태까지 지게를 마련해 주시지 않은 아버지의 진심을 조금은 알 듯했다.

 어둑어둑 땅거미가 내려앉기 시작했다. 사람 소리가 들렸다. "아! 이제 살았구나!" 먼저 내려간 좁쌀형들이 의리의 사나이로 변해 나타났다. 그 가운데는 아버지가 계셨다. 마주 선 아버지와 아들은 아무 말이 없었다. 눈시울이 뜨거워졌다. 나는 그날처럼 환하게 웃는 아버지의 모습을 일찍이 본 적이 없었다. 아버지는 내 나뭇짐을 당신의 지게에 담아지고 비탈길을 거침없이 내려가셨다.

 아버지와 형들은 잘도 가는데 나는 왜 이럴까. 지게 지는 요령이 없어서일까. 빌린 지게가 내 몸에 맞지 않아서일까. 내 체형이 지게에 맞지 않는 것인가. 그때야 "지게질은 힘을 쓰는 요령과 경험이 있어야 한다."라는 아버지의 말씀이 스쳐 지나갔다.

그날의 나뭇짐은 한 줌의 재가 되어 사라졌다. 그러나 그때의 쓰라린 경험은 지금까지 내 가슴을 뛰게 하는 자양분이 되었을 것이다. 평생을 지게질로 살아온 농부의 삶이 얼마나 고단했는지를 엿볼 수 있었다. 그날의 고생은 내가 세상으로 나아갈 때 길라잡이가 되었다.

아버지의 지게질은 배고픈 보릿고개를 휘돌아 질곡의 가난에서 벗어나는 업적을 낳았다. 마침내 그리도 소망하던 자작농의 꿈을 이루었다. 지게질의 고통도 가난의 서러움도 웃음으로 가린 까닭은 가족 사랑의 책임 때문임을 뒤늦게 알았다.

태산 같은 나뭇짐 위에 덤으로 진달래꽃 한 다발 얹어지고 환하게 웃으며 사립문을 밀고 들어오시던 아버지의 그 모습은 영원히 잊을 수 없다. 오랜 세월 아버지의 동반자였던 낡은 지게는 아직도 옛집 헛간에서 나를 지켜보고 있다.

천생연분

　　　　　투박하지만 예스럽고 소박한 멋이 있다. 묵직하고 믿음직한 체구로 우리의 보금자리를 감싸주는 울타리 역할에 충실했다. 그 세월이 반세기를 훌쩍 넘었다. 짧지 않은 세월을 비바람 맞아 결빙과 해동을 반복하는 사이 여기저기가 거북 등처럼 갈라졌다. 더 이상 서 있기도 버겁다는 듯 갈라진 곳은 날이 갈수록 틈새가 더 크게 벌어진다.

　한때는 담장이 지키고 있는 집에는 삼 대가 북적이며 살았다. 부모님과 그의 아들딸 며느리 손주 등 대가족의 보금자리였다. 어느 날 갑자기 젊은이들은 세태 따라 하나

둘씩 도회지로 떠나고 부모님은 차례대로 하늘의 부름을 받아 떠났다. 졸지에 적막이 감도는 빈집으로 변해 버렸다.

부모님의 온기가 어려 있고 우리의 추억이 살아 숨 쉬는 그 집을 못 잊어 종종 찾아간다. 오늘은 문학회 동인들과 함께 그곳으로 간다. 가는 내내 어린 시절 추억들이 봄날에 새싹처럼 불쑥불쑥 고개를 내민다. 몇 갈래 추억을 더듬어 가려내는 사이 벌써 집 어귀의 담장과 마주했다.

외롭게 빈집을 지키는 일이 어깨가 무거웠던 것이 틀림없다. 담장은 전보다 눈에 띄게 쇠약해진 느낌이다. 언젠가부터 돌 하나가 배를 내밀고 있었다. 그 돌이 기어코 담장의 대열에서 밀려나 땅에 퍼져 앉았다. 도미노 현상이 일어날까 염려스럽다. 짧지 않은 세월의 풍상에 시달려 뼈대만 남아 힘없이 허물어져 가는 담장의 모습이 애처롭다.

우리 집 담장에는 곳곳에 손톱 없는 손가락무늬가 새겨져 있다. 이는 담을 쌓을 때에 필사적으로 노력한 흔적이다. 투박한 담장에 보일 듯 말 듯 숨어있는 손가락 지문의 주인공은 아버님이었다. 손톱 없는 손가락 지문은 작업

중 손톱이 닳아 없어졌거나 돌에 치여 문드러진 흔적이다. 처절한 상처는 아버님의 치열한 삶을 말해준다.

당신께서 필사의 노력으로 쌓아서 정성으로 관리하다 물려준 담장이다. 성실히 관리 보존해야 할 책임을 다하지 못한 죄책감을 떨쳐버릴 수 없다. 그러나 헐어진 담장을 복구할 묘안이 떠오르지 않았다. 여러 사람의 의견을 듣는 차원에서 오늘 동행하여 현장을 확인한 문우들에게 자문을 구했다.

며칠 후, 일전에 고향 갈 때 동행한 김 시인으로부터 반가운 소식이 왔다. 담장을 붙잡고 있을 넝쿨 나무를 찾았다는 소식이었다. 그는 오랜 세월을 비바람에 시달려 앙상하게 뼈만 남은 빈집의 헐어진 담장에 넝쿨 식물을 심어 가꾸면 노신사가 지팡이에 의지하듯 서로 의지해서 넘어지지 않을 것이라고 했다. 무슨 기발한 아이디어인 줄 알았는데 너무 평범하고 상식적이 아닌가. 될까 싶었지만, 그의 성의에 감동하여 내년 봄에 묘목을 구해 심어보자 했다.

이듬해 어느 이른 봄날이었다. 김 시인으로부터 사과 상자 하나가 배달되었다. 웬 사과인가 하면서 상자를 열어보니 넝쿨이 주렁주렁 달린 묘목과 그 사이에 의문의 봉투 하나가 끼어있었다. 묘목보다 주황색 봉투의 내용물이 궁금했다. 조심스레 뜯어보는데 김 시인께서 손수 쓴 편지였다.

이 넝쿨의 이름은 능소화입니다. 또 다른 이름은 금등화金藤花라고도 합니다. 어느 나라의 소화라는 궁녀가 임금의 성은을 입고 빈의 자리에 올랐으나 동료의 모함으로 궁의 구석 자리에 밀려나 임금을 그리다 죽어 능소화로 환생했다는 애절한 전설을 품은 꽃나무입니다. 옛날에는 양반집 앞뜰에만 심을 수 있었답니다. 그래서 양반 꽃이라고도 합니다.

마디마다 흡착 근이 달려 있어 꺾어 심어도 잘 자랍니다. 그래서 담장과 한 몸이 되는 것은 시간문제입니다. 김 시인이 직접 꺾꽂이해서 키운 묘목이라며 뿌리가 튼튼하여 빨리 뿌리를 내릴 것이라고 쓰여 있었다. 주인인 나는 까맣게 잊고 있었다. 가슴이 먹먹했다. 잘 키우는 것이 보답하는 길이라 생각하고 이튿날 당장 고향 집 담장 밑에 정성껏 심었다.

봄기운이 무르익어가는 어느 날이었다. 같이 심은 감나

무의 활착 상태도 살필 겸 고향 집을 찾았다. 능소화는 벌써 뜨거운 여름인 양 가지 뻗기 경쟁이 한창이다. 앙증맞은 흡착 근으로 담장을 붙잡고 고물고물 기어올랐다. 담장은 언제 벌써 능소화의 연초록 흡착 근을 잡았다.

　이듬해 여름이었다. 장대한 능소화가 담장을 가볍게 껴안았다. 하늘을 향해 뻗어난 가지는 소화 빈의 애절한 사랑의 전설을 아는 듯 정열의 붉은 꽃을 피우며 담장 넘어 지붕을 덮었다. 지나가는 사람들의 발걸음을 멈추게 했다.

　능소화는 빈의 신분도 잊은 채 요염한 자태를 뽐내며 담장을 얼싸안고 화사하게 피어났다. 힘없이 허물어져 가던 담장은 붉은 능소화를 이불 삼아 덮고 회춘을 꿈꾸고 있었다. 가히, 천생연분이로구나!

옛집

고향에 허름한 집 한 채가 있다. 한 시절에는 그 집에서 삼 대가 살았다. 양친의 체취가 묻어있고 형제자매가 태어나고 성장한 곳이다. 추억이 살아 숨을 쉬고 부모님이 평생을 받쳐 이룬 가재도구와 손때 묻은 농기구 등 살림살이 모두를 보관하고 있다. 내 생전에 잘 관리해서 후손에게 물려줄 요량으로 유지 보수에 나름 정성을 쏟고 있다. 덕분에 이따금 가족들과 친구들이 쉼터로 활용한다.

오늘은 십여 년 전부터 한 해에 두서너 번 오가는 문우들과 함께 간다. 출발 예정시간을 앞서 모두 모여 출발을 재촉한다. 늦출 이유가 없다. 우리가 탄 차는 가볍게 고속도로에 진입했다. 문우들의 얼굴에는 화색이 돌고 입가에는 웃음이 떠나지 않는다. 그들에게 안락한 집을 두고 허름한 촌집으로 가는데 무엇이 그렇게 즐거운지 물었다.

"그냥 즐겁다." 그래, 아무 이유 없이 즐거운 것이 가장 즐거운 것이라는데, 나도 따라 웃고 있는 게 아닌가. 문우들과의 마음에 삼투압 현상이 일어난 것이다. 내 마음이 따뜻해야 상대의 마음을 따뜻하게 데울 수 있다는 것을 알았다.

문우들의 대화는 별다른 주제도 없이 그저 하하하 호호호 한다. 그런데 무심코 하는 호호 하하 대화 가운데 진정성이 자리 잡고 있다는 사실을 깨달았다. 화기애애한 그들의 대화 속에는 나의 가슴을 따스하게 하려는 마음으로 꽉 차있었다. 그 마음 때문에 잠시나마 불치병의 고통을 잊을 수 있었다. 그리고 원수 같은 불치병도 긍정의 시선으로 바라볼 수 있는 여유가 생겨나서인지 통제가 느슨해졌다.

두어 시간 만에 고향 집 어귀에 도착했다. 담을 타고 오른 능소화가 화사한 웃음으로 반긴다. 십 년 전에 심을 때

옛집   105

는 허물어져 가는 담장 보호 목적으로 심었다. 능소화가 자라면서 담도 보호하고 꽃도 관상하는 일석이조의 성과를 거두었다.

늙었지만 강단 있어 보이는 대문을 만난다. 푹 파인 송판의 결은 무상한 세월의 흔적이다. 대문의 사명은 불량자를 통제하는 일이다. 통제는 불량자의 목적 달성을 제한하는 행위다. 세상에는 제한에 대한 저항은 분쟁으로 발전하여 몸을 망치는 사례가 흔히 일어난다. 그런데 그에게는 한 번도 그런 일이 일어나지 않았다. 그에게는 오래전부터 분쟁을 피할 수 있는 비장의 무기가 있었다. 그것은 대문 안쪽에 달린 녹이 슬은 풍경과 낡은 빗장이다.

대문을 열려는 불량자의 손이 대문 빗장에 닿는 순간 천상의 풍경과 빗장의 마찰음이 요란하게 울린다. 비록 신체는 볼품없이 삭아가지만 최선을 다해 책임을 완수하는 모습에 감명을 받았다.

대문이 열리는 순간 난데없는 고양이 한 쌍이 집안으로 뛰어든다. 집안이 무사하다고 보고라도 하려는 듯 나를 앞질러 가다 뒤돌아선다. 수년 전 어머님 혼자 이 집을 지킬 때 절친 고양이와 닮아서 자세히 살펴보는데 그의 새

끼쯤이라 여겨진다. 어머님께서 아버지는 천국으로 보내고 자식들은 자기 살길 찾아 떠나고 혼자 남아 어미 고양이와 친구하여 외로움을 달래던 생전의 모습이 그려진다. 생전에 못다 한 효도에 눈시울이 붉어진다.

　고향 집 마당에 서면 버릇처럼 가재도구, 농기구, 시설물 등의 안전을 살핀다. 물건 하나하나에 양친의 근검절약의 흔적이 생생하게 남아있다. 아버지의 부지런함은 우물에서 찾을 수 있다. 육십 년 전에 혼자 파고 안전사고 예방용 시멘 원통까지 혼자 쌓았다.

　우물을 파다 당신의 목숨을 잃을 뻔한 위기가 있었다. 장비 없이 곡괭이와 삽 하나로 혼자 우물을 파는 일은 위험하다는 이웃 어른의 경고를 물리치고 우물파기 작업을 강행했다. 경고한 대로 작업 3일째 되는 날 낙석 사고가 난 것이다. 아름드리 크기의 돌덩이 하나가 아버님이 작업하는 구덩이 속으로 굴러 내리는 게 아닌가. 일촉즉발의 위기 앞에 속수무책으로 발만 동동 구르며 바라보았다. 천만다행으로 돌덩이가 경사면 흙 반죽에 매몰되어 멈추는 바람에 기적적으로 목숨을 구한 것이다. 천만다행이 아닐 수 없다. 만약에 그 돌이 구덩이 바닥까지 굴러 떨어졌다면 어떻게 됐을까. 생각만 해도 소름이 돋는다.

　어머님의 검소함은 찬장에 가득 쌓인 새것이지만 이제 묵어버린 그릇에서 알 수 있다. 내가 어릴 때는 어머니는 새것보다 헌것을 좋아하는 줄 알았다. 새것은 아끼고 헌것만 마루가 닳도록 사용하기 때문이라는 것을 뒤늦게 알았다. 어머님은 버리는 게 없다. 헌 비료 포대는 장판지로, 지난해 달력은 모아 벽지로, 헌 신문지는 천장지로 재활용했다. 여기에 기막힌 당신만의 지혜가 숨어있었다. 다름 아닌 신문지로 도배한 천장이다. 누워서도 한문 공부를 하란 암시였다는 것을 한참 뒤에 알았다.

　양친의 체취에 취해 시간 가는 줄도 모른다. 배꼽시계가 점심시간을 알린다. 배가 고프니 비로소 손수 도정한 하얀 쌀로 빚은 가래떡 생각이 났다. 아버님 논에서 생산한 쌀로 가래떡을 해서 먹고 나머지는 고향 집 나들이 기념 선물로 나눠 주기로 한 나와의 약속이 생각났다. 서둘러 쌀 한 포대를 씻어 따뜻한 물에 담근다. 쌀이 불을 동안 간단하게 점심을 해결하는 맛은 꿀맛이다. 곧장 방앗간으로 향한다. 차 안에서는 지난해 가래떡이 맛있었다며 문우들은 천진난만한 아이들처럼 깔깔거렸다.

젊은 시절 친구들과 갈대숲을 헤집고 뛰놀던 기억이 어제처럼 생생하게 몰려온다. 그 친구들이 눈에 삼삼오오 물결에 실려 온다. 문우들의 웃음소리가 옛 친구들과 화음을 이루며 유유히 흐르는 강물에 스며든다.

이윽고 밤이다. 가끔 머무는 빈집에 먼지 낀 창밖은 진한 어둠 속이다. 깜깜한 하늘에 수많은 별이 총총거리며 앞다투어 창문을 두드린다. 문우들과 마당에 선다. 어머님의 평생지기 달을 오늘 문우들과 함께 보고 있다. 양친께서 옛집의 모든 것들을 장만할 때 쏟은 정성, 가난하지만 소중하게 흘린 피땀, 노고와 기쁨이 충만한 옛집이다. 그리고 우리가 조상으로부터 받은 혜택을 생각하면 버려서도, 잊어서도 안 될 나의 보물이다.

제3부

그의 사려 깊은 언행은 알게 모르게
내 몸에 스며들어 삶의 자양분이 되었을 것이다
이런 친구가 내 곁에 있는 것은
행운이고 큰 자랑이다

금석문 金石文
- 문학과 비석 탐방기

　　　　　금정문학회 문학기행 날이다. 비가 온 뒤라 하늘은 말갛다. 태양은 유난히 빛난다. 코로나 족쇄를 벗어난 기쁨에 날씨까지 화창하다. 모처럼 회원 전원이 시간 맞춰 약속 장소에 모였다. 첫 탐방지는 금정구 청룡동 부산 영락 시립공원 묘지에 잠든 의사자 이수현 님의 묘역이다.

　그는 1974년 울산광역시에서 태어났다. 부산광역시에서 초 중 고등학교를 졸업하고 1993년 고려대학교 무역학과에 입학하였다. 일본어 연수를 위해 동 대학을 휴학하고 일본 도교 아카 몬 카이 일본어 학교에 입학하였다. 그러던 중 2001년 1월 26일 오후 7시 15분경 아르바이트 후 숙소로 돌아가다 신오쿠보역 선로에 떨어진 일본인을 구하려다 달려오는 열차에 치여 무참하게 목숨을 잃었다. 그의 나이 이십칠 세였다.

그가 잠들어 있는 영락공원 입구에 도착했다. 난감한 일이 벌어졌다. 공원묘지에는 삼만여 기의 묘가 줄지어 있다. 그 가운데에서 눈에 띄는 표식 하나 없는 의사자의 묘지를 찾아내기란 쉬운 일이 아니다. 모래사장에서 바늘 찾기다. 주위를 두리번거리면서 의사자의 묘역을 찾고 있다. 다행히 뒤따라오던 의인 이수현 정신선양회(부산) 회장을 지내셨던 한경동 회원님의 안내로 의사자의 묘를 찾았다.

눈앞에 나타난 그의 묘역은 삼만여 묘역(약 1.5평)과 똑같은 규모다. 혹시 잘못 보았나 싶어 다시 살펴보았다. 잔디가 고르게 손질된 것 외에는 장 씨의 셋째 아들과 이 씨의 넷째 아들로 구분이 되지 않을 정도다. 묘역이(1.5평) 협소하여 다중의 참배가 어렵겠다는 것을 모르지 않았을 것이고 일정 기간이(최장 45년) 지나면 이장이 불가피하다는 것은 모르지 않았을 것이다. 그뿐만 아니다. 의사자와 아버지를 같은 묘역에 나란히 쌍봉 지어 놓은 것은 고래의 매장 관례에서는 있을 수 없는 일이다. 의사자 묘역이라기에는 너무 초라하다. 왜 의사자란 이름표를 붙여 주었는지 이해할 수가 없을 정도다. 차제에 의사자의 숭고한 희생정신에 걸맞은 묘역 조성관리에 당국의 특별한 관심을 기울여주기를 기대한다.

그의 비문(금석문)은 이렇게 새겨져 있다. '이기심이 만연한 이 세상에 이타심의 본보기가 된 이수현의 의로운 행동은 시대와 국경을 초월한 인류애의 실천이며 이 시대를 살아가는 우리 모두에게 참다운 시민정신을 일깨워 준 고귀한 희생이었다. 순간을 던져 영원을 얻는 그의 숭고한 정신은 우리들의 가슴에 오래도록 살아남아 의로운 삶의 등불로 타오르게 될 것이다.'

그는 금석문에 새겨진 것처럼 거창한 일을 했다고 주장하지도 상응하는 예우를 바라지도 않았다. 그러나 우리는 그의 숭고한 정신을 비문에 새겼다. 그로부터 그 정신을 이어받아 후세에 계승해야 할 책임과 의무가 발생했다.

그도 청운의 꿈을 품고 검푸른 대한해협을 건너간 것이

다. 그러나 애석하게도 꿈을 이루지 못했다. 이제 오직 그의 꿈을 실현하는 길은 그가 우리들의 가슴에 심어준 숭고한 희생정신을 꽃피우는 일이다. 이수현 님의 명복을 빈다.

보약 같은 웃음

 웃음은 기쁜 감정을 표현하는 언어다. 웃음이 보약이다. 웃으면 복이 온다. 웃음은 만병통치약이다. 이런 신비의 명약이 있을까. 하늘의 뜻이라 하던 사람의 수명을 고무줄처럼 늘이는 현대 의학이 보증했다.

 공재동 시인은 약수재의 산기에서 웃음의 강도를 신체의 변화에 따라 분류하였다. '얼굴이 활짝 펴지면 파안대소, 배를 감싸 쥐면 포복절도, 손뼉을 치고 깔깔대면 박장대소, 허리가 꺾이는 고통의 경지에 이르면 요절복통이다. 그러나 뭐니 뭐니 해도 웃음의 최고 경지는 앙천대소다. 세상일이 허망할 때 하늘을 보고 마음껏 웃는 것이다.

웃음도 이쯤 되면 가히 선인의 경지가 아니겠는가.'라고 했다.

지금은 상상할 수도 없이 어려웠던 시절이 있었다. 육십 년대 보리가 익어갈 무렵 먹을 양식이 없어 배고픔의 고통을 참아야 했던 시기를 보릿고개라 불렀다. 지금 그 이름을 되뇌어보니 실상과는 다르게 아주 서정적이다.

서정의 가면을 쓴 보릿고개를 그 실상과 같이 이름 짓는다면 굶주림의 계곡쯤 해두는 것이 좋을 듯하다. 먹을 것이 없어 굶어 죽을 지경에서 가까스로 목숨을 구한 사람이 많았다면 시빗거리가 될지도 모를 일이기 때문이다.

그때는 배고픔의 고통을 나눌 정다운 이웃이 있었다. 그들과 함께 주고받는 따뜻한 웃음과 여러 가지의 웃음이 있었다. 한 해 농사를 시작하는 정초에 마을의 안녕과 풍년을 기원하는 풍물놀이의 서막이 오른다. 마을은 온통 축제 분위기다.

어른 아이 모두가 연출가도 되고 배우도 된다. 신나는 사물 장단에 덩실덩실 어깨춤을 추며 겨우내 찌든 얼굴 활짝 펴 마음껏 웃는다. 배우들의 설익은 연기에 배꼽을 움켜잡고 깔깔 숨이 넘어가는 웃음도 있었다. 어깨가 찢어지는 듯한 고통의 지게질도, 허리가 끊어지는 듯한 모내기도 이웃과 함께 하여 견디기 어려운 고통을 웃음으로 잠재울 수 있었다.

들판이 황금빛으로 물들 즈음 풍성한 추수를 예감하며 천신, 지신, 조상님께 감사제를 올릴 때는 보름달같이 환한 함박웃음으로 풍년의 기쁨을 만끽한다. 추수가 끝났다고 이웃과 함께하는 웃음이 끝난 것이 아니다. 지금부터 진정한 웃음이 시작된다. 콩 삶아 메주 빚고, 무 배추 거두어 갖가지 김치 담그기는 아낙네들의 몫이요. 초가지붕 이엉을 엮어 덮기는 남정네들의 몫이다. 오늘은 이 집에서 내일은 저 집으로 옮겨가는 품앗이는 꺼지지 않는 웃음 불씨의 화로가 되었다.

그때 어려움이 닥치면 이웃과 함께 헤쳐 나가야 한다는 지혜를 터득했으리라. 우리는 그 지혜를 모아 고통의 가난을 넘어 보릿고개 시절과는 비교할 수 없을 만큼 부자가 됐다. 부자가 된 것만큼 행복할까? 이웃과는 황소 한 마리 가지고도 다투지 않는다는 말은 그야말로 옛말이 되어버렸다.

지금 이 시대는 함께하는 이웃은 사라지고 서로 경쟁하

는 이웃만 있다. 이웃과의 경쟁은 지난날 어려운 시절 이웃과 서로 도우며 함께 웃던 웃음을 앗아가 버렸다. 부자가 되면 행복한 웃음을 웃을 줄 알았다. 그것이 환상임을 뒤늦게 알았다. 웃음은 부자들의 전유물이 아니다. 웃음은 모두의 가슴속에 있다. 언제든지 꺼내 쓰기만 하면 된다. 웃음이 비록 저마다의 가슴에 있다하더라도 유유히 흐르는 강물과 바람, 공기와 함께 우리 모두의 공동소유라 할 수 있다. 보릿고개 시절의 그 웃음들이 아름다운 그리움으로 다가온다. 어려웠던 시절에 이웃과 함께한 그 웃음을 다시 찾을 묘안은 없을까?

글바람

 문단에의 등단은 오랜 꿈이었다. 일찍이 그 단상으로 가는 길은 쉬운 일이 아니라는 것을 어설프게 경험한 터다. 그래서 등단의 꿈은 섣불리 입에 담지도 못하고 가슴에 묻어둔 꿈이었다.

 공자께서 '글로는 말을 다 표현할 수 없고, 말로는 뜻을 다 표현할 수 없다.'라고 하셨다. 글쓰기를 경계하라는 말씀으로 여겨져 오랜 세월 망설였다. 편지 한 장 제대로 쓰지 못하는 글 솜씨로 등단은 언감생심 욕심이라는 열등의식도 한몫했을 것이다. 언제부터인가 이런저런 핑계로 어린 시절 꿈꾸었던 등단의 꿈을 접고 지냈다.

세월이 흘러 고희의 나이에 등단의 꿈이 되살아났다. 긴 세월 사그라지지 않고 생명력을 이어온 것은 환영할 일이다. 그러나 적지 않은 나이에 마음 한구석에 잠자던 꿈의 결실을 맺어볼 수 있을지 두려움이 앞섰다. 두드리면 열린다더니 너무 무료하고 한가하여 숨 막히도록 분주한 지난날이 그리워지는 늦가을 어느 날이었다. 뜻밖의 인연으로 문학단체의 여행에 참가하게 되었다. 그날이 내가 문인의 길에 발을 들어 놓는 운명적인 날이었다.

그날 만난 선배 문인들은 글쓰기에 문외한인 내가 수필가의 길로 가는데 길라잡이가 되어 주었다. 그들은 하나같이 노년의 취미생활로는 글쓰기가 으뜸이라며 나를 문학의 길로 안내했다. 글쓰기는 본래 시작과 끝이 없고 이르고 늦음이 없다며 일상으로 꾸준히 공부하면 자연스럽게 취미활동이 된다고 조언하였다.

나는 무슨 일을 시작할 때 우물쭈물하는 우유부단형이다. 누군가가 동기를 부여하고 이끌어 주면 마지못해 따라 하는 수동형이다. 그들은 나의 습작품을 평가하면서 좀 더 노력하면서 가능성이 있을 것이라며 힘을 실어 주었다.

그들의 호의적 관심에 용기를 얻어 간절한 마음으로 두드리면 열린다는 속담의 절대적인 신봉자로 변신해 가고 있었다. 글공부에 빠져 신병을 앓고 있다는 것도 잊은 채 습작에 골몰했다. 그러다보니 병이 급속한 악화로 돌아왔다. 이를 지켜본 가족들과 지인들은 나의 무모함을 질책했다.

그래도 포기할 수 없었다. 이번에는 태산이 높다 하나 오르고 또 오르면 못 오를 리 없다는 대안으로 포기의 유혹을 벗어나려 이를 악물었다. 약물치료와 운동과 규칙적인 생활로 병을 다스렸다. 나의 소망이 하늘에 닿았던가. 다행스럽게도 회복의 기미가 나타났다.

그로부터 얼마간의 시간이 지났을까. 계절병처럼 또다시 등단의 꿈이 꿈틀거렸다. 때를 같이하여 선배 문우들의 신인상 도전 권유가 이어졌다. 이번이 마지막 기회라는 심정으로 처음처럼 시작하자며 나 스스로 채찍질하며 격려했다.

등단의 길은 예상한 대로 높고 험난했다. 그 길을 나 홀로 학습으로 오르겠다는 것은 마치 날개 없이 하늘을 날겠다는 것과 무엇이 다르겠는가. 체계적인 학습이 필요하다고 생각하고 수강 신청을 계획하고 있었다. 그런데 문우들은 언제 내 마음을 읽었는지 수필 강좌 수강신청을 도와주었다.

수강 첫날 공교롭게도 장대비가 쏟아졌다. 갈까 말까를 갈등하고 있는데, 전화기가 울렸다. 미등록 전화번호기에 망설이다 받았다. 상기된 목소리로 통학차가 집 앞에 대기하고 있으니 빨리 내려오란다. 깜짝 놀라 현관문을 여는 순간 한 번 더 놀랐다. 일면식도 없는 사람이 우리 집을 찾느라 헤매다 늦었다며 미안해했다. 그의 진심 어린 친절에 감동하지 않을 수 없었다. 비를 흠뻑 맞은 모습에 고개가 저절로 숙여졌다.

강의실 선생님들의 맞이함이 따뜻하여 배움으로 향하는 첫걸음은 한결 가벼웠다. 쑥부쟁이가 삼밭에서 자라면 삼처럼 곧게 자란다. 쑥부쟁이 같은 내가 기라성 경륜을 자랑하는 선배 문우님들과 책상을 맞대고 공부한다는 것만으로도 행운이 아닐 수 없었다. 이들과의 대화는 문학을 바라보는 안목을 넓혀 주었다.

스스로 생각해도 추진력과 의지와 끈기가 부족하다. 나이가 들어갈수록 혼자 하는 일은 중도에 '작심삼일 증세'

가 자주 나타난다. 나이는 숫자에 불과하다는 말보다 나이는 못 속인다는 말에 귀가 솔깃해진다. 아침에는 신선한 칭찬 바람이 불어 발걸음이 가벼웠다가도 저녁이면 남을 빈정거리고 놀림으로 소나기에 길을 멈칫거리기도 했다.

이때 구원의 글 한 편이 손에 잡혔다. '늦바람'이란 제목의 글이었다. 작가는 늦어도 한참 늦은 나이에 늦바람을 칠 년째 피우고 있다고 했다. 그 늦바람이 분수 모르는 노인의 로맨스인가 했는데 생소하기 짝이 없는 글바람이었다.

작가는 어느 날 갑자기 사랑하는 아내를 신병으로 하늘나라로 보내고 방황하다 돌아보니 어린 아들이 곁에 있었다. 엄마의 품을 그리는 아들의 애절한 슬픔을 글로써 위안 받기 위해 늦은 나이에 글바람을 피웠다고 했다. 글바람의 동기에 감명 받고 과정에 감동했다.

그는 "인생은 꿈을 먹고 산다. 꿈이 없는 인생은 현실을 헤쳐 나갈 용기도 없다. 사소한 현실을 핑계로 자신의 진짜 꿈을 꾸지 못하고 나날을 평범한 무늬로만 사는 사람이 많다."라고 했다. 교수님의 강의를 듣고 나는 과연 무슨 꿈을 꾸고 살아왔는지. 나 역시 사소한 현실을 핑계로 진짜 꿈이 어떤 것인지조차 모르고 살아온 것이 사실이다.

교수님의 강의는 내가 품어야 할 진짜 꿈은 글쓰기란 걸 깨우쳐주었다. 늦바람은 나이를 핑계로 한 '작심삼일 증세'를 잠재웠다. 글쓰기는 신병으로 흐트러진 마음을 평온하게 다스리는 수단이 될 때도 있었다. 생각이 하나로 모아 가다듬어졌다. 학습 방법에 변화가 일기 시작했다. 책을 그냥 읽어 넘기지 않았다. 작가의 의중을 음미하며 의도를 확실히 이해할 때까지 꼼꼼하게 읽었다.

 문우들의 작품집이나 문인단체의 정기간행물을 읽고, 쓰기에 나름대로 온 힘을 다했다. 비로소 글쓰기에 흥미가 일기 시작했다. 독서와 습작을 하지 않으면 식사를 거른 것 같이 허전하여 밤늦게까지 공부하는 버릇이 생활화 단계에 자리 잡았다. 때를 같이하여 잠잠하던 선배 문우님들의 신인상 도전 권고가 간곡했다. 그분들의 성화를 이길 수 없다는 것을 알기에 틈틈이 써둔 습작으로 신인상에 도전했다. 드디어 무더위를 뒤밟아 온 가을바람에 가슴 뛰는 반가운 소식이 날아들었다.

 신인상 당선이다! 일찍이 꿈꾸어 왔던 등단의 꿈을 실현한 기쁨은 말할 수 없었다. 이제 글바람을 피우며 즐거움과 보람이 공존하는 노년의 꿈을 펼쳐보려 한다.

공짜는 없다

 중학생 시절 등굣길이었다. 막걸리 배달을 마치고 양조장으로 돌아가는 자전거 뒤를 따라 뛰었다. 헐떡거리면서 뒤따르는 내 모습이 안 서러웠던지 "학생, 학교 갈 시간이 늦었나?" 내가 대답도 하기 전에 자전거를 세우고는 타란다. 자전거를 타면 어떤 기분일까. 호기심이 발동하여 사양 없이 짐받이에 덥석 올라앉았다.
 올라앉고 보니 놀랍게도 아저씨는 한 손으로 자전거를 몰고 있지 않은가. 생전 처음 타는 자전거라 넘어질까 두려워 내리고 싶었지만, 자전거를 세워 주기 전에는 내릴 수가 없었다. 자신의 자전거 타는 솜씨를 뽐내는지 갈수록 더 거칠게 몰았다. 숨을 몰아쉬면서도 휘파람을 불며 즐거워했다. 잠시 뒤에 평탄한 길을 콧노래 부르며 달릴 때는 넘치는 쾌감을 만끽했다. 그의 자전거 타는 솜씨는 묘기에 가까웠다. 내리면서 정중히 인사를 하는데 "학생, 인사 한 번 잘한다. 그래, 세상에 공짜가 어디 있나."하며 호탕하게 웃었다.

그 일을 계기로 이따금 자전거를 태워주며 말하고 싶지 않았을 과거를 들춰내기 시작했다. 그는 부모의 얼굴도 모르고 형제자매가 있는지 없는지, 그것조차 모르는 천애의 고아라고 했다. 당연히 성도 이름도 나이도 모른다. 여기 와서 주인의 성을 따라 허 군이라고 불렀다. 오갈 때 없이 노숙하며 눈물의 세월을 보내다 까까머리 소년 시절 지금의 주인 손에 이끌려 정미소의 심부름꾼으로 인생 2막을 열었다.

정미소 일은 어린 나이에 일하기에는 쉬운 일이 아니었다. 원동기의 굉음과 진동이 정신을 흔들어 놓았다. 곡식에 묻은 흙먼지와 등겨가 뒤섞인 희멀건 분진이 앞을 가린다. 그것이 콧구멍을 막아 가슴이 답답하다. 거미줄처럼 뒤엉켜 돌아가며 동력을 나르는 벨트의 흔들림은 가히 위협적이다. 마치 파충류의 혓바닥처럼 날름거리며 먹이가 스치기를 기다리는 형국이다.

 그래도 밥을 배불리 먹을 수 있었고 기술을 배워 시골 마을 작은 정미소를 짓겠다는 꿈이 있었다. 그 꿈이 있었기에 쉬는 날 없이 열심히 일했다. 그래서 힘들고 고단한 줄 모르고 일이 즐거웠다.

 그러나 그 꿈은 한순간에 물거품이 되어 버렸다. 그날도 여느 날처럼 원동기의 시동을 걸었다. 그리고는 메인벨트(중심 벨트)에 동력을 연결하는 순간 왼쪽 옷소매가 벨트에 감기면서 팔이 함께 휘감겨버렸다. 정신을 잃었다. 정신이 돌아왔을 때는 병원 중환자 응급실이었다. 그때는 이미 왼쪽 팔은 헌 걸레처럼 너덜거려 복원할 수 없을 지경이었다.

 사람의 노동력은 두 팔에서 비롯된다. 한쪽 팔을 잃은 것은 반의 노동능력을 잃은 것이 아니라 남은 팔의 능력까지 빼앗긴 것과 다름없다. 차라리 그 자리에서 죽도록 내버려두지 한쪽 팔로 어떻게 살란 말인가. 살아있는 것이 원망스러웠다. 팔을 잃은 애절한 슬픔도 슬픔이거니와 앞으로 살아갈 일이 더 걱정이다. 어렵게 모아 병원비 주고 나면 바닥이 날것이고 병원 문을 나서면 몸뚱이 하나 눌 곳이 없는 빈털터리 신세다. 그렇다고 주인이 도와줄 위인도 아니지 않은가. 주인은 정미소와 양조장을 함께 경영하는 재력가다. 그리고 젊은 시절 면장을 지낸 경력도 있다. 그는 막강한 재력과 관록을 앞세워 눈 아래 사람이 없고 교만하여 다른 사람을 업신여기는 독불장군이었다. 불같은 성질이 두려워 그 앞에서는 꿀 먹은 벙어리가 되기 일쑤다. 그런 그에게 도움을 요청한다는 것은 쥐가 고양이 목에 방울 달기보다 더 어려운 일이다.

그런데 이변이 일어났다. 주인이 병원을 찾아온 것은 전혀 예상하지 못한 선처였다. 그는 팔이 찢어지는 처참한 광경을 목격하고 많은 걸 뉘우치고 깨달았다며 말문을 열었다.

"네가 입원 중일 때 너의 거처를 돌아보았다. 그때 네가 검소하고 성실하게 살았음을 한눈에 알았다. 너는 주인의 일을 하다 팔을 잃었다. 평소 내가 입버릇처럼 이야기하던 '세상에는 공짜가 없다.'라고 한 말에 책임을 져야 할 때가 지금이라 생각했다. 오늘부터 우리는 형제가 되어 한 지붕 밑에서 한 식구로 살자꾸나."라고 하는 것이다.

뜻밖의 제안에 어리둥절했다. 그런 나에게 남은 한 손을 꼭 잡으며 방금 한 말이 진심임을 확인시켜주었다. 어린 나이에 이곳 정미소에서 일한 지 이십 년 만에 처음 느끼는 따뜻한 손이었다.

오늘이 형님의 손에 끌려 이곳에 정착한 날이다. 형님은 이날을 생일로 정해주었다. 생일상을 거나하게 받았다. 지금까지 형님에 대한 불만과 오해가 봄바람에 눈 녹듯 사라졌다.

이번에는 형님이 베푼 은혜를 갚을 차례다. 오랜 고민 끝에 생각해낸 것이 자전거로 양조장 탁주를 배달하여 밥값이라도 해야겠다는 생각을 했다. 그러나 당장은 자전거도 없고 탈 줄도 모른다. 형님께 자전거로 탁주를 배달할 계획을 말했다. 말이 끝나기도 전에 혹시 사고라도 나면 남은 팔까지 못 쓰게 될지 모른다고 극구 반대하며 지금대로 양조장 운영 관리에 힘쓰라고 했다.

한 번 결심한 일을 해보지도 않고 포기할 수는 없었다. 그동안 모아두었던 돈으로 중고 자전거를 샀다. 물론 형님에게는 나중에 자랑할 요량으로 말하지 않았다. 밤낮으로 자전거 타기 훈련에 미쳤다. 한 손으로 자전거 타기가 쉽지 않을 것이라는 걸 모르고 시작하진 않았지만, 너무나 어려웠다. 그래도 포기하지 않았다. 아픈 만큼 성장한다고 했던가. 넘어지는 횟수만큼 실력이 쑥쑥 늘어났다.

형님은 내가 자전거 타는 모습을 몰래 지켜보았던 것이다. 어느 날 새 자전거를 내밀면서 내 앞에서 타 보라고 했다. 그동안 닦은 실력을 마음껏 발휘했다. 형님은 말했다. "오늘 내가 행복이 무엇인지를 알았다. 나는 독일제 오토바이를 타고 백마를 타고도 과시욕과 오만함에 젖어 행복한 줄 몰랐다. 그런데 네가 한쪽 팔로 자전거를 타면서 즐거워하는 모습에서 진정한 행복이 어떤 것인지를 알았다."라며 감격해 했다.

그는 진정으로 행복을 주는 것은 금전이나 물질이 아니라 감사하는 마음에서 온다고 했다. 뿔이 있는 소는 날카로운 이가 없고 날카로운 이가 있는 호랑이는 뿔이 없듯이 세상은 공평하다며 눈시울을 붉혔다.

수어지교 水魚之交

    사십여 년 전 어느 가을날이었다. 죽마고우가 찾아온다는 전화를 받았다. 무정세월이 너무 길었던가. 설렘으로 두근거려야 할 가슴이 가을비에 젖어 착잡하게 내려앉았다. 그와 나는 한마을에서 태어나 그곳에서 잔뼈가 굵었다. 물론 초·중학교를 같이 다녔다. 그림자처럼 붙어 다니던 우리를 군 입대가 갈라놓았다.

    군 복무 후 그는 서울에서 나는 부산에서 가정을 꾸렸다. 직장 일이 바쁘다는 핑계로 연락이 끊어질 때도 있었다. 그러면서 무소식이 희소식이라며 너스레를 떨기도 했다. 만만찮은 현실을 핑계하기도 하고 물리적인 거리 때문이라고 하며 그럴듯한 변명으로 위장하기도 했다. 떨어져 사는 거리만큼 만남도 성글어지는 것이 당연한 걸로 생각했다. 다시는 재구성할 수 없는 우리들의 소중한 옛 추억들도 오래도록 입지 않은 헌 옷처럼 어떤 것이 있는지조차 잊고 분주하게 살았다.

그는 그때 유명 대기업에서 능력을 인정받아 승승장구했다. 그러던 그에게 얼마 후 어려움이 찾아왔다. 빠른 승진으로 더 오를 때 없어 젊은 나이에 현직에서 물러나야 했다. 그 후 자영업을 경영한다는 소문을 들었다. 그런데 얼마 전에 그 일에도 어려움을 겪고 있다는 소문이 들려왔다.

그것이 사실이 아니기를 기대했으나 만나는 순간 그 기대는 무너졌다. 자신감 넘치던 예전 그의 모습은 찾아보기 어려웠다. 양어깨는 처져있었고 얼굴에는 근심의 그림자가 드리워져 있었다. 차마 그게 사실인지 물어볼 수 없었다. 그의 입으로 말하기를 기다렸다. 술잔이 몇 순배 돌아도 분위기는 차분했다. 말 술도 사양하지 않던 술 실력은 어디로 가고 술잔만 헤아리고 있었다. 평소 같으면 취기에 인생론으로 진지해야 할 술판이 시간이 지날수록 오히려 말 수가 줄어들었다. 그는 무엇인가를 말하려다 멈추기를 거듭하더니 끝내 내가 걱정할 이야기는 하지 않았다. 잠시 후 다른 용무가 있다며 자리에서 일어섰다.

그를 보내고 집으로 돌아오는 버스 안에서 곰곰이 생각했다. 그는 물질적 도움을 청하러 왔을 터인데 아무 말도 하지 않았다. 이럴 줄 알았더라면 내가 먼저 왜 왔는지 물어볼걸. 그러지도 않고 쓴 소주 몇 잔에 떠밀듯 빈손으로 보낸 아쉬움에 가슴이 먹먹해졌다.

그는 떨어지지 않는 발길을 돌리면서 나를 인정 없는 자린고비 친구라고 원망했겠지. 아니다, 그는 남을 원망하는 속 좁은 친구가 아니다. 오히려 그가 생소한 타지로 전근 온 지 얼마 되지 않는 나를 측은하게 여겼을지도 모른다. 그래서 도움을 청하지 않았을 것이다.

나는 그로부터 은혜 입은 일이 많은데, 그때는 왜 비상금이라도 털어줄 생각을 못 했을까! 우리 속담에 '친구 따라 강남 간다.'라는 말이 있다. 이 말의 어원적 의미는 친구가 가자니까 거절 못 하고 그냥 맹목적으로 따라나선다는 다소 부정적인 뜻을 담고 있다. 그러나 그와 나는 물과 고기처럼 어울려 다니면서 그의 언행을 눈으로 익히고 귀로 듣고 몸으로 경험했다. 그것들이 어느 날 나도 모르게 내 삶의 중심에 자리 잡고 있었다.

우리가 중·고등학교에 진학할 그즈음은 한국동란 후의 배고픈 보릿고개 시절이었다. 그때는 집안 사정이 여간 좋다 해도 중학교에 보내기를 꺼렸다. 실제로 우리 마을에는 중학생이 없었다. 이렇게 싸늘한 마을의 교육 분위기를 극복하고 중학교에 진학할 수 있었던 것은 그 친구 때문에 가능했다. 그의 우수한 학업성적이 중학교 진학을 이끌어 냈고 그것이 동기가 되어 나는 친구 따라 중학교를 가게 된 것이다.

우리의 고등학교 진학은 그 친구가 쓴 한 편의 드라마다. 그야말로 절박한 순간에 고등학교 진학을 이끌어 내는 기지를 발휘했다. 그와 나는 중학교를 졸업하고 2년 가까이 농사일에 전념했다. 누가 봐도 농사꾼이었다. 그러던 어느 날 심각한 표정으로 "우리, 고등학교에 진학하자." 했다.

그런데 나는 입시를 통과할 자신이 없었을뿐더러 모든 여건이 우리 편이 아니라며 포기 의사를 분명히 밝혔다. 그는 나의 우유부단한 성격이 열등의식에 젖어 시작을 두려워한다는 걸 잘 알고 있었다. "우리가 진학하지 못할 이유가 어디에 있단 말인가. 늦었다고 생각할 때가 가장 빠르다고 하지 않았는가?" 밤이 이슥할 때까지 이런저런 이야기를 나누면서 나를 설득했다.

그의 집요한 설득에 꺼진 향학의 불씨가 되살아났다. 두드리면 열린다는 말을 믿었다. 다행히 하늘은 우리 편이었다. 그는 부산의 명문 상업고등학교에, 나는 대구의 2차 인문계 고등학교에 입학해서 졸업을 했다. 그것은 내 인생의 전환점이었고 도약의 발판이 되었다.

그의 가슴은 넉넉했다. 나는 그가 남들과 크게 다투는 모습을 보지 못했다. 그는 남의 허물을 쉽게 말하지 않았다. 주량이 대단했지만 술에 취해 추태를 부리는 것을 보지 못했다. 오히려 나의 경망한 행동을 웃음으로 용서하는 그의 넓은 가슴의 깊이를 나는 알 수 없었다.

넉넉하지 못한 가정의 팔 남매 맏이로 동생들을 자신의 책임으로 출가시키면서 불평 한마디 없이 형제자매의 정리를 다했다.

총명하고 성실한 그는 공부는 물론이고 서예와 그림과 장기와 바둑에도 재능이 남달랐다. 그는 나를 배려하는 마음에서 자신의 학업성적이나 재능을 자랑하지 않았다.

그뿐만이 아니다. 어느 해인가, 자녀가 단 한 명을 선발하는 언론사 공채시험에 수백 명의 경쟁자를 물리치고 합격하였다. 이 사실이 언론에 보도되고서야 비로소 알게 되었다. 이처럼 지나칠 정도로 겸손하여 때로는 거만을 떨고 있다는 착각을 하기도 했다.

그의 사려 깊은 언행은 알게 모르게 내 몸에 스며들어 삶의 자양분이 되었을 것이다. 그는 진정한 친구는 서로의 처지를 이해하고 잘못을 용서하는 거라고 행동으로 가르쳐 주었다. 이런 친구가 내 곁에 있는 것은 행운이고 큰 자랑이다.

영계의 유서 遺書

 우리는 봄이 와도 봄이 아닙니다. 얼마 전까지만 해도 봄은 우리의 천국이었지요. 우리를 병아리라는 이름으로 초등학교 교과서에 올려 봄의 전령사라 했지요. 그 시절에는 인간들과 한 지붕 아래 한 가족으로 사는 것이 당연한 것으로 알았습니다. 그런데 언제부터인가 그들은 우리를 조롱하기 시작했습니다.
 태초에 우리는 하늘을 날며 산야를 누비는 야생이었습니다. 수컷은 개선장군처럼 위풍당당하며 준수합니다. 검붉은 깃털은 황제의 곤룡포도 부럽지 않습니다. 하늘을 향해 치솟은 붉은 볏은 왕관의 위엄이 서려 있습니다. 신이 내린 시간의 감지 능력과 고고한 목소리로 여명을 알립니다. 암탉의 다산은 인간들이 부러워합니다.

어느 날 이렇게 준수한 용모와 재주가 인간의 눈에 띄어 자의 반 타의 반으로 인간들과 어울려 살게 되었다고 전해 들었습니다. 사람들은 우리를 두고 영물靈物이라며 가족처럼 사랑을 베풀었습니다. 우리의 다산多産을 신성시하고 혼례식에 초청하여 자긍심을 높여 주기도 했지요.

그뿐만 아니지요. 인간들은 자신의 생명같이 소중히 여기는 알곡을 나누어주며 격이 없이 한마당에서 뛰어놀았지요. 그들의 따뜻한 배려에 우리는 알과 고기로 보답하며 행복에 겨웠습니다.

그러던 어느 날 청천벽력 같은 일이 일어났습니다. 인간들은 우리를 한 몸 드나들기도 비좁은 창살에 가두었습니다. "우리가 무슨 죄를 지었습니까! 태고의 세월을 어김없이 여명을 알려 드린 것이 죄가 됩니까? 단잠을 깨웠다고요? 그걸 트집 잡으면 할 말은 없습니다. 그렇다면 몸이 부서지는 산통을 겪으면서도 알을 낳아 드렸습니다. 그것도 죄가 된다고 우길 텐가요?"

우리는 창살에 갇히는 그날부터 죽은 목숨과 다름없었

습니다. 많은 것을 빼앗기고 잃었습니다. 주거 환경은 말할 수 없이 열악해지고 동물 본능인 종족 번식의 희열조차 박탈당했습니다. 몸은 알을 낳는 기계로 퇴보한 지 오래되었고 다리는 있으나 마나 한 장식품에 불과합니다. 긴 세월 퇴화를 거듭한 날개는 날 수 없는 비익조比翼鳥 신세입니다. 지금의 처지에서 돌이켜보면 우리를 십이 간지 중 하나인 닭띠에 제수한 것도 배려가 아니라 양심을 속이고 거짓이라는 생각을 하게 합니다. 그렇다고 이제 와서 누구의 잘잘못을 가리자는 것은 아닙니다. 지난날의 잘못을 반성하고 상생의 길을 찾아야 합니다. 우리와 한 식구로 살았던 그때와 같이 말입니다.

그럼, 그 시절에 어느 소년의 집으로 추억 여행 떠나봅시다. 이른 봄이었습니다. 소년은 세뱃돈으로 받은 거금을 털고 어머니의 주머닛돈을 보태어 햇병아리를 사 왔습니다. 그냥 길러서 복날에 보신하자고 사 온 병아리가 아닙니다.

병아리는 소년의 원대한 꿈이 담겨 있었습니다. 그가 커서 알을 낳고 그 알을 부화해서 씨암탉으로 성장하는 날에는 양계장 주인이 될 것이라는 꿈을 꾸고 있었습니다. 암탉은 생후 이백여 일이 지나면 한 해에 약 200여 개의 알을 낳습니다. 우리의 다산多産은 소년으로 하여금 한번쯤은 양계장 주인이 되겠다는 꿈을 꾸게 합니다.

우리를 돌보는 일은 그렇게 힘든 일이 아닙니다. 아침저녁으로 출입문을 여닫고 가끔 배설물을 청소하는 일이 고작입니다. 아침에 문을 열어주면 무리 지어 앞뜰로 줄행랑을 칩니다. 거기는 우리들의 놀이터이자 뷔페식당입니다. 나르는 것, 땅 위를 기는 것, 땅속에 숨은 것, 먹을 것이 널브러져 있습니다. 진종일 들녘을 거닐며 산해진미를 포식합니다. 우리의 배설물은 농작물에 최고의 영양식인가 봅니다. 우리가 작물에 적잖은 피해를 주는 데도 농부들이 조용한 이유가 여기에 있다는 것을 한참 뒤에 알았습니다.

해가 서산으로 뉘엿뉘엿 넘어갈 즈음 집으로 돌아옵니다. 소년의 꿈은 무럭무럭 자라고 있었습니다. 사람들은 우리가 쑥~쑥~ 자라는 소리가 들린다고 입방아를 찧어댑니다. 하루가 다르게 자라 숙소는 오일장의 만원 버스처럼 비좁아졌습니다. 우리의 자람은 어머니의 관심도를 더 키웁니다. 어머니는 가족들의 건강이 소년의 꿈보다 우선

입니다.

　더위가 한창 기승을 부리던 어느 여름날 어머니의 손이 바쁘게 움직입니다. 한두 번 해본 솜씨가 아닙니다. 순식간에 수탉 몇 마리를 잡아 갔습니다. 몸에 좋다는 한약재와 함께 가마솥에 가두고 장작불을 지핍니다. 어머님의 얼굴이 달밤에 박꽃처럼 활짝 피어납니다. 이러다가 소년의 꿈이 간밤의 꿈처럼 사라질지도 모릅니다.

　언제부터인가 삼복 날은 우리를 참혹하게 마구 죽이는 날이 되어버렸습니다. 여기에 한술 더 떠, 구구 날이라 하며 닭고기 많이 먹기를 권장합니다. 이것은 만행입니다. 그 피해가 부메랑이 되어 인간에게 되돌아가지 않는다는 보장은 없습니다.

　대량소비는 대량생산을 유도하고 과밀 사육을 부추겨 전염병의 온상이 되는 것은 너무나 당연한 일이 아닐까요. 우리는 좁은 창살에 갇혀 동물의 기본동작인 걷기도 뛰기도 할 수 없습니다. 허약할 대로 허약해진 우리에게 전염병이 넘보지 않는다면 그것 또한 이상한 일이 아니겠습니까. 최근에는 조류독감의 발생 빈도가 점차 높아지고 있습니다. 이것이 전염병 발생 전조가 아니길 바랄 뿐입니다.

 현명하신 인간들은 14세기 전 유럽을 휩쓴 페스트의 대재앙을 알고 있으리라 믿습니다. 감염은 곧 죽음이라는 페스트의 감염원은 시궁창의 쥐었습니다. 당시 유럽 인구의 1/5이 줄었다는 페스트는 인간과 동물들의 공통 전염병입니다.

 지금 전 세계를 공포의 도가니에 몰고 있는 코로나19의 전염은 사람과 가까이 사는 박쥐라 하지 않습니까. 만약에 제2, 3의 코로나가 발생한다면 그 장소는 인간의 탐욕이 부른 과밀 가축사육장이 적지라는 생각을 떨쳐 버릴 수 없습니다.

 봄에 알에서 깨어날 수많은 나의 친구들이 겨우 걸음마를 배울 즈음 삼계탕으로 조리될 것입니다. 짧은 생을 창살에 갇혀 자유의 나래 한번 펴 보지도 못하고 가는 것이 한이 될 수도 있습니다. 영계의 한이 코로나 후예後裔가 될지는 아무도 모릅니다. 우리도 추억 어린 소년의 병아리처럼 자유로이 노닐다 간다면 여한이 없겠습니다.

웃음 예찬

웃음은 기쁨을 표현하는 언어다. 신은 수많은 동물 중에 유일하게 사람에게만 웃음을 하사하였다. 사람만이 느낄 수 있는 오묘한 기쁜 감정을 말로써 다 표현하기는 어렵다는 것을 알고 웃음을 선물하였는지도 모를 일이다.

민중에서는 웃음을 예찬하는 속담이 많이 전해 내려온다. 대개 건강과 삶의 지혜를 담은 속담이다. 웃음은 만병통치약이다. 웃으면 복이 온다. 웃는 얼굴에 침 뱉으랴! 웃음은 보약이다. 그 밖에도 헤아릴 수 없이 많다. 기원은 알 수 없으나 최근에는 그 속담이 현대의학에 의해 효능의 근거가 속속 밝혀지고 있다.

선조들이 살아온 역사는 질곡의 세월이었다. 그럼에도 웃음에 대한 예찬이 많이 구전되고 있다. 이는 백성들이 억압과 핍박의 세상으로부터 받은 상처를 웃음으로 스스로를 치유하려는 신앙적 믿음이 있었기 때문이리라. 나에게도 그런 웃음이 있다. 육십여 년의 세월을 거슬러 올라 막내 고모의 웃음이다.

처녀 고모의 웃음은 나이테가 없었다. 지금도 그때 그대로 하얀 이를 자랑이라도 하듯 뿌리째 들어내고 함박웃음을 웃는다. 착한 고모는 그 웃음으로 시집살이에 지친 올케언니를 달래주었다. 당신만큼 훌쩍 커버린 큰 조카인 나를 업고 무엇이 그리도 좋은지 천진난만하게 웃으며 온 동네를 휘젓고 다녔다. 그 웃음이 지금까지 내 가슴에 새겨져 삶이 버거워 괴로울 때는 위안이 되곤 한다.

오랜 공직의 무거운 짐을 벗었다. 전에 없이 가벼운 마음으로 역마살을 펼치며 즐거운 나날을 보내고 있었다. 그러던 어느 날 나의 이상한 걸음걸이가 아내의 눈에 띄었다. 원인을 알기 위해 유명 종합병원을 전전했다. 검진 결과는 놀랍게도 퇴행성 뇌신경계 질환인 〈파킨슨씨병〉

이라 진단했다. 청천벽력 같은 진단 결과에 눈앞이 캄캄했다. 내 가슴은 쓰나미가 할퀴고 간 자리처럼 갈기갈기 찢어졌다.

내 인생에는 꿈과 희망이란 단어가 사라졌다. 마땅히 갈 곳도 없었다. 할 일도 없었다. 허망한 마음으로 방황하는 초라한 자신을 원망하며 삶의 미로를 헤매고 있을 때였다. 친구들이 절망에 빠져 있는 나를 위로한답시고 노래 주점에 데리고 가려 했다. 그러나 그곳은 나의 금단 구역이었다. 그보다도 타고난 음치를 극복할 자신도 없었다. 난치병에 걸려 언제 생명의 종말이 올지도 모르는 주제에 노래 부를 용기가 나지 않아 망설이고 있었다.

그러다 곰곰이 생각해 보니 과도한 사양은 우정에 생채기가 생길 수도 있다는 생각에 자의 반 타의 반으로 노래 주점 안으로 들어섰다. 주인으로 보이는 여인이 파안대소하며 맞이했다. 순간, 어린 시절 고모의 웃음과 닮았다는 생각을 했다. 가식 없이 천진난만하게 웃는 그의 모습에 노래방은 고향 집 안방같이 화기애애한 분위기였다. 나이도 체면도 잊고 철없던 시절로 돌아갔다. 흥이 고조된 분위기에 휩싸여 노래하고 춤추며 즐거움을 만끽했다.

그날 이후 이따금 친구들과 노래연습장을 드나들기 시작했다. 그녀의 웃음은 울퉁불퉁한 시골의 비포장도로를 달리는 빈 트럭처럼 신이 나는 흔들림이 있었다. 그 흔들림에 따라 웃지 않을 수 없었다. 잠시라도 파킨슨의 공포에서 벗어나기 위해 음정 박자 무시하고 내 멋대로 목청껏 노래를 불렀다. 친구들은 귀에 거슬려 짜증이 날 법도 한데, 오히려 박장대소하며 응원해 주었다. 나는 음치라는 사실도 잊은 채 그들의 의도적인 응원에 취하여 마이크를 독점했다. 그래도 친구들은 싫은 기색 없이 노래 실력이 나날이 발전하고 있다며 칭찬을 아끼지 않았다.

이튿날 놀라운 이변이 일어났다. 파킨슨의 통제가 한결 느슨해졌다. 이는 기적이 아니라 과학이라고 주치의는 설명했다. "춤추고 노래하며 웃고 즐길 때 스트레스 호르몬의 분비가 억제되고 신경조직이 이완되어 면역기능이 증가한다. 이때 엔도르핀의 분비가 촉진되어 운동신경계에 영향을 미쳐 병이 호전되는 사례가 있다."라고 했다. 입으로 전해 내려오는 웃음의 효능을 현대 과학이 밝혀낸 것이다. 웃음의 효능을 예견한 선조들의 선견지명先見之明에 감탄할 따름이다.

파킨슨과 동거한 지 어언 열두 해가 눈앞이다. 그동안 그와 동거하면서 그를 다스리는 나만의 비법을 터득했다. 무엇보다도 그를 버티겠다는 정신력이 중요하다는 걸 알았다. '나비처럼 날아 벌처럼 쏜다.'라는 명언을 남긴 세계적인 챔피언인 무하마드 알리는 파킨슨병과 삼십사여 년을 동거했다. 물론 강인한 체력이 뒷받침되었기 때문이다. 그가 남긴 명언, '미래의 불확실성을 감수할 용기가 필요하다.'라는 말과 같이 다가오지도 않은 불확실의 불행에 절망하지 않고 미래는 미래로 남겨 두고 현실에 충실했기 때문이라는 생각에는 변함이 없다.

우선 그를 대적하려면 굴종적인 패배의식에서 벗어나 자신감으로 무장해야 한다. 규칙적인 운동으로 몸을 단련하고 주치의의 처방대로 약을 제때 복용하는 일이 최우선이다. 그다음에는 취미 활동인 글쓰기와 노래를 생활화하여 파킨슨의 공포를 몰아내고 그 자리에 웃음 엔도르핀을 채우는 일이다. 쉽지 않을 것이다. 그러나 포기하지 않을 것이다. 아니, 절대로 포기할 수 없다.

날이 갈수록 파킨슨과의 다툼은 치열해질 것이 분명하다. 그렇다고 미리 두려워할 필요가 없다. 나를 응원할 가족이 있다. 그리고 신이 인간에게 내린 신비의 명약이 있다. 노래와 춤을 섞으면 웃음이란 만병통치약이 무한 조제된다. 그 명약이 파킨슨을 소실점 밖으로 밀어내는 기적이 일어날 것이라고 믿는다.

유자지교 柚子之交

　　유자향이 진동한다. 배달된 지 며칠을 좁은 창고에 보관했다. 유자 고유의 향이 아니다. 열악한 환경에 견뎌내지 못하고 몇 개는 형체를 알아볼 수 없을 정도로 망가졌다. 천혜의 자연환경에서 귀하게 자란 몸을 홀대한 반발일지 모른다.

　　안 그래도 앉아서 받아먹기 난감한 사연 있는 유자를 부주의로 일어난 이 사태를 어떻게 수습해야 하나 고민에 빠져 있을 때 해결사가 나타났다. 그와 자정을 넘기는 고역으로 유자청을 담아 감쪽같이 반란을 봉합했다.

　　지난해 어느 봄날 산행길이었다. 동행하던 김 시인이

자기 집 뒷산의 유자나무에 칡넝쿨이 햇볕을 가려 시들어 가고 있다며 살려보자고 했다. 그에 대한 나의 반응은 냉담했다. 칡넝쿨 잡는 일이 얼마나 힘든 일인데 섣불리 덤 볐다가 낭패를 볼 수도 있다. 한때는 큰 꿈을 품고 온 힘을 다해 심어 가꾼 유자나무가 지천으로 버려져 있다. 이는 유자 농사가 소득이 없다는 증거가 아닌가. 무엇 때문에 건강을 챙겨야 할 나이에 고생을 사서 하려는지 모르겠다며 목소리를 높였다.

그도 쉽게 물러서지 않았다. 한때 거제 유자는 숲속의 황금알이었다. 온화한 해양성 기후와 비옥한 토질은 유자나무가 자라는데 아주 좋은 조건이다. 천혜의 자연조건에 힘입어 빛깔이 선명하고 맛과 향이 일품이라고 널리 알려져 있다. 그뿐만 아니다. 근세에는 고혈압, 중풍예방, 피로회복, 숙취 등에 탁월한 효능이 있다고 한다. 품질이 좋은 만큼 높은 가격으로 거래되었다. 그 시절에는 유자나무 한 그루로 대학 등록금을 마련할 수 있다 하여 대학나무로 불리기도 했다.

재래종 유자는 병해충에 강하고 향과 색이 독특하여 보존가치가 있다. 종자는 한번 멸종하면 그 종이 부활하기

까진 많은 시간과 기술이 필요하다. 심은 지 이십여 년이 된 지금이 가장 많은 유자를 수확할 수 있다. 이런 청년기의 나무가 죽어가는 것을 보고 있자니 마음이 불편하다며 유자나무를 살려야 한다고 나의 동참을 설득하려 했다. 나의 거부 고집은 양보 없이 평행선으로 이어져 허지부지한 일로 여기고 있었다.

그러던 어느 여름날 김 시인은 그 나무에 유자가 주렁주렁 열렸다며 묻지도 않은 유자나무 근황을 자랑했다. 그때 동참하지 않아 미안하다고 사과를 했지만 속으로는 지속적으로 같이하지 못할 바에야 처음부터 잘 잘랐다는 생각이 들었다.

그해 늦은 가을 김 시인으로부터 전화가 왔다. 순간적으로 스치는 예감이 '유자 이야기다'라고 생각했다. 아니나 다를까 유자가 탐스럽게 익었으니 칠천도 매운탕 맛도 맛볼 겸 와서 따가라고 했다. 무슨 낯으로 유자를 따러 간단 말인가. 그는 배알도 없는 사람처럼 여러 차례 전화했다. 마지못해 지나가는 말로 택배를 이용하면 서로 편할 텐데 하고 말끝을 흐리며 전화를 끊었다.

그런 일이 있었던 며칠 뒤 외출해서 돌아왔다. 현관에

거제도에서 온 유자 상자 한 개가 주인을 기다리고 있었다. 유자나무 살리기에 동참하지 않은 죄책감에 유자 가시가 목구멍에 걸린 것처럼 마음이 편하지 않았다. 나라면 유자나무에 들인 정성과 흘린 땀이 얼마인데, 나누어 줄 마음이 있었을까.

그의 손바닥에는 아직도 굳은살이 남아 있을 것이다. 과수에 과실이 열리기까지 농부의 수고는 전년도 초겨울부터 시작된다. 가지자르기로 시작하여 거름 주어 가꾸고, 잡초제거, 꽃 속기와 열매 속기, 수확 등 수많은 기본 작업은 이듬해 초겨울까지 쉴 틈 없이 이어진다. 또한 유자 따기도 여간 힘든 일이 아니다. 가지 마디마다 예리하게 돋은 가시는 보호색으로 무장해서 피하기가 쉽지 않다. 얼굴을 철조망 같은 가지 사이로 내민 채 하늘을 향해 장대질을 해야 한다. 장대질을 몇 번 하고 나면 하늘이 노랗게 물든다.

힘든 줄을 뻔히 알면서 택배로 보내라고 명령하듯 한 것이 잘못이다. 허리 통증을 감내하면서 힘들게 장대질하는 모습이 눈에 선하다. 어렵게 따 모은 유자를 왜 이곳저곳 나누어 주는지 속 좁은 나로서는 이해하기 쉽지 않았다.

보내준 유자 잘 받았다는 인사를 하긴 해야 하는데 도무지 그럴 용기가 나지 않아 망설이고 있었다. 내 마음을 들여다본 것처럼 김 시인으로부터 전화가 왔다. 무슨 말을 할지 살짝 걱정이 되었다. 가벼운 질책이라도 하면 그것이 면죄부가 될 수도 있을 텐데, 그러기를 기대했지만 그러지 않았다.

평소 돌다리도 두드려보고 건너는 김 시인 특유의 완벽성 훈계도 오늘은 없었다. 보낸 유자가 적지만 많은 듯이 나누라는 당부를 하고 대답할 틈도 주지 않고 전화가 끊어져버렸다. 과민한 탓인가 평소와는 뭔가가 다르게 느껴졌다.

소득이 적더라도 멸종 위기에 처한 재래종 유자나무를 보존해야 한다. 그의 이상론과 경제성이 없는 유자나무를 살리기 위해 땀을 흘릴 필요가 없다. 나의 현실론이 대립하여 우리의 사이가 멀어지게 된 것이라는 생각을 떨쳐버릴 수 없었다. 그러나 내색은 하지 않았다. 친구와 산길은 왕래가 잦아야 막힘이 없다. 우리의 만남이 잠시 성글었던 것이 우정에 틈이 생긴 원인으로 작용했을까.

김 시인이 왜, 전화를 급하게 끊었는지 알아야 한다. 유자를 따다 몸살이라도 났을까. 아니면 유자를 받고도 쓰다 달다 말 한마디 없는 나의 무례함에 대한 항의였을까. 그도 아니면 정말 우리 사이가 소원해진 건지를 알아야 한다. 급히 전화를 끊은 연유를 바로 묻지 못하고 유자를 왜 이렇게 많이 보냈냐고 돌려 물었다. 그는 당연한 듯 분가한 아들 셋 이름 한 자도 틀리지 않고 하나하나 부르며 그들 몫까지라고 했다. 넉넉히 보내지 못해 아쉽다고까지 했다. 할 말이 없었다.

자괴감의 상처가 찬바람 되어 가슴을 헤집는다. 따뜻한 유자차 한 잔을 머금었다. 은은한 향과 새콤한 맛이 찬바람을 몰아낸다. 김 시인의 정이 더 진하게 느껴지는 밤이다.

묘약

　어린 시절 보릿고개를 넘었다. 양식이 바닥나 청보리 여물기를 애타도록 기다리며 배고파하던 시기를 보릿고개라 했다. 지금 그 이름을 돌이켜 보면 실상과는 너무 다르게 서정적이다. 마치 지천으로 널려 있는 어느 언덕배기 보리밭으로 오인할 수도 있다. 정체불명의 보릿고개를 굶주림의 계곡쯤으로 바꾸는 것이 좋을 듯하다. 지금 신세대들에게 먹을 것이 없어 배고파 죽을 지경에 이르렀다면 시빗거리가 될지도 모를 일이기 때문이다.
　그래도 그때는 배고픔의 서러움을 웃음으로 달래줄 정겨운 이웃이 있었다. 그 웃음은 농사일의 고통을 다스리는 명약이기도 했다. 오만하지도 호사스럽지도 않으면서 삶에 지친 백성들의 가슴을 어루만져 주었다.

정월대보름에 달집태우기로 풍물놀이 서막이 오른다. 단순한 풍물놀이가 아니다. 천신과 지신께 한 해를 기원하며 동민의 화합과 가정의 행복을 축원하는 마을 축제가 펼쳐진다.

어른 아이 모두 연출가도 되고, 배우도 되고, 관객도 된다. 신이 나는 사물 장단에 덩실덩실 춤을 추며 겨우내 움츠렸던 어깨를 활짝 펴고 마음껏 웃고 즐긴다. 배우들의 설익은 연기에 주름진 얼굴에 웃음이 가득하다.

질펀한 마을 축제는 끝이 났다. 새봄과 함께 힘겨운 농번기가 시작된다. 어깨가 미어지는 보리 짐도 허리가 끊어지는 듯 모내기의 고통도 오체투지의 수행자 심정으로 한 발 한 발 내디뎌 기꺼이 완주해야 한다. 혼자 해내기에는 너무 벅차다. 이웃사촌끼리 일손을 모으는 품앗이가 해결사다. 그들이 가는 들판에는 웃음 물결이 출렁인다. 허리 꺾어지는 포복절도 웃음은 아저씨 아줌마들의 농익은 음담패설에서 시작된다.

경험해 보지 않고는 논매기의 고통을 알 수 없다. 허리 통증은 견딜만하다. 삼복더위에 흐르는 땀은 눈을 가리고 무논의 해금 악취에 숨이 막힌다. 날카롭기 여포 창날에 뒤지지 않는 나락 잎은 농부의 팔뚝을 긁적거려 끝내 구릿빛 팔뚝의 피를 보고야 만다. 고통의 극치다. 인내의 한계점에 다다랐다.

때맞춰 들판 한가운데 위문공연단이 등장한다. 공연단은 다름 아닌 마을의 전속 풍물패들이다. 논매기 고통은 그들의 흥겨운 풍물 장단에 흔적을 감추고 풍년을 예감하며 박장대소 춤판이 펼쳐진다.

이제 곧 황금빛 들판이 눈앞이다. 이 기쁨으로 천신과 지신께 감사제를 올린다. 곡식은 곧 생명이다. 생명을 이어갈 신성한 알곡을 거두어들이는 추수는 신의 축복이다. 이른 봄부터 한여름 뙤약볕의 수고로움을 잊고 보름달 같은 함박웃음으로 풍년의 기쁨을 만끽한다.

늦가을 찬바람이 겨울 채비를 재촉한다. 이웃과 함께하던 들녘의 웃음은 따뜻한 보금자리 아랫목으로 옮긴다. 진정한 웃음판은 이제부터 펼쳐진다. 따뜻한 아랫목이 있고 곳간에 배불리 먹을 알곡이 쌓여있다. 맞이할 겨울이 아무리 춥다 한들 무슨 걱정이 있을까.

세상은 많이 변했다. 굶주리던 보릿고개 시절에는 상상도 못할 부자가 되었다. 그 시절의 정겨운 웃음은 전설이 되어 버렸다. 금전만능시대는 비웃음과 쓴웃음이 참 웃음의 가면을 쓰고 이웃의 정을 갈라놓았다.

예로부터 이웃은 황소 한 마리 두고도 다투지 않는다고 했다. 그런 이웃은 흔적 없이 사라지고 주차 시비에 목숨 걸고 다투는 살벌한 이웃이 이 시대 우리들의 자화상이다. 부자가 되면 웃음이 저절로 나오는 줄 알았다. 그것은 착각이었다.

선인들은 일찍이 잡초 같은 백성들이 고달픈 삶의 애한을 위안하고 치유하는 묘약이 웃음이라고 믿었던 것이다. 웃으면 복이 온다는데 이 어찌 신이 인간에게 준 신비의 선물이 아니겠는가!

제 4 부

소금에 절인 노란 콩잎과
메주로 담근 된장이
어머니의 그리움을 안고
장독에서
말발굽 소리를 내며 익어간다

노모

하루가 다르게 수척해 가는 모습을 바라본다
봄꽃처럼 고왔던 시절은 가고
나이는 숫자에 불과하다는 말보다
나이는 못 속인다는 말이 바른 말이다

4월은 꽃을 불러
향기의 향연을 펼치고 떠날 채비를 한다
신록의 발자국 소리 요란하고
열락의 새소리가 귓전을 울린다

아름다운 꽃도 싱그러운 신록도
불타듯 단풍으로 떨어져
겨우내 서리 맞으며 해가 가고
봄이 옵니다
시간이 흐르면

삭정이가 될 겨울이 온다
아픔을 받아들고
쏟아지는 눈물에
자식의 마음도 따라 수척해 간다

고목의 삭정이

아흔둘의 어머니
지나온 삶은 시련의 세월이었다
질곡의 세월에 쌓인 삶의 분진들이 폐부를 막았다

간밤에 당신의 기침 소리
폐렴으로 발진하여 생명이 위태롭다

희미한 정신은 타임머신을 타고 하늘길을 여행한다
육신은 육 척 침대에 잡혀 꼼지락거림도 멈추었다

산자락의 구불구불 밭이랑
이마에 주름조차 맥없이 풀어졌다

구덩이에 숨은 눈은 미동이 없다
숨소리는 적막 속에 숨어든다

목숨에 어두운 그림자가 드리워졌다
말 한마디 없이 이렇게 가시면 어떻게 해요

"여기가 어디고?"
한잠 주무시고 일어난 듯하다

어머님은 고목에 움터 듯 되살아났다
아직도 자식 사랑 미련이 남아 떠나지 못 한다

세월에 삭아 당신께서 고목의 삭정이 되어
흙으로 돌아갈 때까지 내리사랑 한이 없으랴

금정산

금정산은 언제나 맑고 푸른 성전
구름이 해를 가려
달이 그믐에 묻혀 빛을 잃어도
금정산은 투명하고
밝은 숨결로 영혼에 등불이 된다

삶의 가시에 찔린 절망도
금정산은 자비로 상처를 감싸 다독인다
메마른 등걸 하나로
지친 객의 쉼 자리가 주는
깊은 배려가 고맙다

고당 할미의 인자한 손길
흐르는 땀을 가시게 하고
서기 가득한 정령의 자비로운 손길은
우리의 가슴에 욕망의 허기를 채운다

한가해진 마음으로 산허리를 돌다
구름 머문 금샘을 지나

세심정에 마음 닦고
맑은 계곡을 따라
범어사 대웅전
풍경소리 듣는다

금정산 정기 담은 물줄기가 온천천에 이른다
온천천에 생명의 터 잡은 잉어
사열하는 사단 군병으로
과분한 대접에 송구하다

시든 생명에 희망의 새싹이 피어나
봄의 기운이 온몸 살 속 깊이 스며든다
금정산은 나의 성전
포근한 어머니의 가슴이다

당신의 자유

산같이 높고 신선한 사랑이
살아가는 힘이 되었다
나의 병마로 구겨진 당신의 세월
오래되어 미안하네요
더 미안한 일이 생겼네요
받은 사랑 되갚을 길이 없어
미안하단 말 부족한 줄 알지요

육신의 나이는 못 속인다고
당신도 세월에 묻혀 흐린 날
맥박과 혈압이 널뛰기를 하고
오장 육부가 불편하여
늘어난 어깨를 짓누르며
눈앞은 침침하고 귀는 그저 멍하지요
선물 중에 가장 귀중한 것은
자유라고
일흔쯤 되면 놀면서 일하는 자유
먹고 안 먹고의 자유
수십 가지의 자유를 선물받습니다

당신에게는 그림의 떡
내색하지 않는 자유가 안타깝네요

세상에는 영원한 것은 없소
당신이 베푼 사랑은
영원하기 때문이네요
그것을 알기까지
오랜 시간을 허비한 것 같아 미안하오
더 미안한 일이 생겼네요
운동으로 나를 지키며
내 몸 지키는 것으로
노력하는 것으로 미안함을 대신하도록 할게요

아내여
나로 인해 당신의 자유가 구속되지 않기를

동병상련의 이별

더 아프지 않고
더 가까이 살았으면 좋겠다
우리의 소망이었는데
느닷없이 찾아온 이별 앞에
붙잡을 수 없어
아무 말도 못 하겠네

만남이 이별을 잉태한다
아직 만남의 꽃이 피기도 전에
갑자기 찾아온 석별 앞에
목이 메어
아무 말도 못 하겠네

육신에 무거운 병이 들어
삶의 길에 어둠의 장막이 드리울 때
서로가 등불이 되어주던 우정이
끊어지는 슬픔 앞에
아무 말도 못 하겠네

가슴 활짝 열고 꿈같이 보낸
동병상련의 길은 오래 기억되지
추억의 시간을 많이 가져
남겨진 친구들 이별이 서러워
아무 말도 못하네
우리 이별을
눈으로 보지 말자

아내

육신의 아픔도
가슴에 맺힌 회한도
마음에 두지 않은 듯

한마음으로 헤쳐 걸어온
반세기 동행 여정

비바람 몰아치는 날
두 손 꼭 잡아줘
쓰러지지 않았다

어둠에서 방황할 때
따스한 가슴으로 등불 밝혀줘
희망의 길 찾았다

밝은 빛 비칠 때
등 뒤에서 그림자 되어
있는 듯 없는 듯

그윽한 향기 날리며
환희의 눈물 흘리네

황혼

세상이 공평하다는 것을
붉게 물든 황혼에 서 보면 안다
어떻게 살았던 여기가 끝이란 걸 다 안다

야망의 젊음도 꿈같이 스쳐 가고
기쁨도 슬픔도
세월에 실려 망각 속으로 사라진다

고독의 심연에 빠져 외롭지 않은 법을 배웠고
세상을 건너면서 고초도 겪었다
여기서 뒤돌아보면 시련도 축복이다

지난밤 구름과 비바람이
아침의 태양이 씻어 빛나는 것이
갈등의 파도로 잔잔한 바다 품에 안기리라

세상 굴레 벗어 놓고 어디에도 얽매임 없이
나이 들어 자유와 행복을
힘차게 노래한다

풋보리

청보리 이랑으로 푸른 바람 숨는다
숨바꼭질하는 것도 아닌데
온몸으로 눕는다

모진 앙금으로 이겨낸 겨울
서릿발로 들뜬 잇몸으로 살아났으니
헤진 어미 등 뒤에서 허기 달래는 보리죽

엎어지듯 숨은 이랑 속의 바람
배시시 불러온 배를 하늘 향해 눕히고는
푸른 웃음 떼 지어 일으키네

어미의 치맛자락에 매달린 보릿고개
철부지 어린동생 손잡고 동구 밖을 나서며
고인 눈물 삼키며 떠나는 누이 같은 청보리

긍정의 씨앗

가뭄 속 밭에 골을 파고
콩을 심었다
새벽 지하수를 흠뻑 준다
된장 바닥에 박힌 콩잎
어머니의 아린 손에서 버무려져
반찬으로 올랐다
낮달은 그리움을 머금은 채
희미해진다
슬픔의 냄새가
빽빽이 들어선 고향 집
천형의 표시로
생은 언제나 붉게 질퍽거린다
불안의 씨앗을 다라국 소년의
무의식에서 뽑아
긍정의 씨앗으로 바꾼다
소금에 절인 노란 콩잎과
메주로 담근 된장이
어머니의 그리움을 안고
장독에서
말발굽 소리를 내며 익어간다

다라국 소년 1

합천 박물관 앞마당 철마를 탄다
말의 체온이 살갗에 닿자
갑옷과 투구를 챙기며
다라국 전성기의 황금빛 용봉 장식 자루의
큰 칼을 차고
말방울 소리 울리며
대야성 전투의 용맹을 떨치는 장수가 된다

들판의 바람 소리와 함께
신라 군사들의 함성과 맞섰다
다라국 소년 장수는 흰 갑옷의 비늘 사이에
화살을 맞았다
신라에 패배한 전설을 만든다

합천 박물관 2층 역사실
유리 안에 아직도 다라국 장수로 숨을 쉬며
고향을 지킨다
겨울바람이 몇천 년을 보냈다

다라리가 고향인 내 전생의 소년이
철마의 울음소리에
먼 그리움을 안고 영혼에 들어와
다라국 전투의 기억을
팽팽히 당기고 있다

* 다라국: 합천지역 가야 소국의 이름

다라국 소년 2

장독대 하얀 눈 속에
전생의 다라국 소년을 만난다
다라국 소년의 진실과 용맹이
내 생의 핏줄에 흘렀다
하얀 눈이 햇살을 받아
투명의 별빛으로 고향 집에 쏟아진다
빛이 장독대 포도나무 살결에 닿아
먼 곳으로 가신 부모님 소식과 옛 기억
수많은 이야기 전해준다
소년은 죽어 하얀 색깔이 된다
인연의 고리에 엮인 빛의 알맹이들
다라국 전사들이 노니는 쌍책면 들판의 정기를 받아
고향을 다니며 효를 새겼다
임진왜란 때 이순신 장군의 백의종군길
생명의 순환과 우주의 섭리로
1700리 길을 맨발로 걸었다
소년의 영혼이 말방울 소리를 따라
옥천 고분 안을 서성인다

다라국 소년 3

뇌로 전달하는 신경 줄 하나
가위 손이 거둔다
수돗물 똑똑 소리 기억하는데
손끝의 떨림은 더욱 거세진다
세월의 치마폭에 묻힌 기억들
손안 열 개의 약에
숨소리가 녹아 영혼은 맑아진다
숭숭 뚫린 뇌는
다라국 소년의 좌뇌가 포개져
생과 이별하는 손짓을 접고
내 안의 그 소년에 기대어
밝은 빛이
머릿속 부연 안개를 걷어낸다
전생에 장수의 핏줄이 녹아
용맹을 떨치며
말발굽 소리 맞추어
오늘도 금정산과 온천천을 달린다

달빛길

어머니 보고 싶어 추억의 황강
강가에 갔다

합천보 아래쪽 골프파크공원 다리 아래
바람은 겨울 갈대를 소리로 흔들고
길 끝에 벗어 둔 운동화 한 켤레
온몸의 털이 곤두섰다
운동화 안에 비닐봉지와 종이쪽지 고요하다
무섬에 뒤돌아왔다
어린 날 홍수에 떠내려 온 많은 죽음도
신발은 빈 채로 강가에 있었다
꿈이었다

하늘에 계신 어머니에게 전화를 걸었다
추위로 희미해진 그리움과
이별의 글을 바람이 읽어준다
누굴 그리워하며 생을 마감했을까
어떤 이야기를 찾아 떠났을까
황강에 퍼진 추억의 조각들

강물에 어린 어머니의 얼굴
만날 수 없어 마음에 간직한 채
고향 집으로 오는 길
세월에 닳아 허물어진 육신과
죽음과 삶이 달빛길에 젖는다

능소화

돌담 위에 핀 능소화
오묘한 색으로 유혹의 손짓을 하고 있다
보는 이 없어도 살길을 찾아
밤낮으로 담장을 기어서 뻗어갔다
가지 하나 뚝 잘라 심었는데
한 여름 끝없이 피어나는 꽃
담 안마당에는
도시에서 온 아이들 웃음소리
형제에게 나누려 새벽부터 방아를 돌리는 소리
삶의 고달픔을 자루에 담으려
글을 쓰는 아저씨
밤을 꼬박 새운다
능소화의 마음은 언제나 집 안에 머문다
거름 무더기 옆 고양이 두 마리
몸을 부비며 킬킬거리는 소리
능소화라 얕보지 마라
내일 밤이면 삐꺽거리는 나무 대문을 열고
주인 되어 큰방에 사지를 뻗고 잠을 자리라
담 아래 능소화 떨어져 땅 위에 눕는다

| 서평 |

귀거歸去와 의지의 표상으로서 자서自敍

박양근
(문학평론가, 부경대 명예교수)

귀거歸去와 의지의 표상으로서 자서自敍

박양근
(문학평론가, 부경대 명예교수)

1. 의지의 주인공을 위하여

　글을 쓰는 목적은 사람마다 다르다. 대개 작가가 되고 싶거나 삶이 윤택하도록 글쓰기를 택한다. 하지만 어떤 사람에게는 생명 그 자체이기도 하다. 성장 과정이 순탄하고 세상만사가 편안하면 글쓰기는 멋부림이 되지만 태어나면서 시련이 이어지고 가족의 삶마저 험난한 역경이라면 절망과 좌절에서 벗어나기 위한 심미적 촉매가 된다. 그때의 글은 인생 조건으로서 구원의 손길이 될 수밖에 없다.
　박중술은 시련과 역경을 인내로 이겨낸 작가다. 그는 어린 시절 천연두에 걸려 죽을 고비를 넘겼지만 얼굴이 앍은 후유증으로 사춘기 상처를 입었다. 설상가상, 37년 공직을 명예롭게 퇴임하면서 파킨슨병 진단을 받았다. 보통의 경우 생의 좌절을 겪기 마련이지만 그는 어머니와 아내와 가족과 지인의 격려를 받아 극기의 꽃을 피웠다. 14년째 생사의 고개를 무사히 넘기고 꿈에 그리던 문인으로 등단하면서 마침내 첫 수필집 ≪녹꽃≫을 상재하게 되었다.

≪녹꽃≫은 박중술 인생의 초상화다. 무엇을 배우며 누구와 살았으며 어떻게 행하였는가를 진실의 언어로 담아내었다. 꾸밈과 과장이 없는 이야기는 공직자로서의 성실성과 자식으로서의 지극한 효성과 문학에 대한 간절한 동경심으로 이루어진다. 파킨슨병과 더불어 살기 위하여 글을 쓰고, 글을 씀으로써 그 병과 동거한다는 운명의 모순조차 사랑한다. 이러한 작가 의식이 담긴 수필집은 생존 그 자체의 처절한 투쟁사이기도 하다.

박중술은 소작농 집안에서 태어나 어머니의 사랑과 아버지의 자상한 가르침으로 성장하여 약관의 나이에 공직에 몸담았다. 순풍의 37년 삶이 빛이었다면 후반기 투병은 어둠 그 자체다. 불사조처럼 꿋꿋하게 일어섰고 웃음이 명약이라는 미학을 깨우치면서 반전의 기적을 이루어 낸 그의 "녹꽃"은 생의 철학과 인생론을 구현하는 아이콘이다. 그러므로 수필집 ≪녹꽃≫에는 "떨리는 손"과 아린 가슴으로 밤 새워 짠 고향과 자연과 인간에 대한 사랑의 서사가 담겨있다.

2. 삶이 찬란한 이유

　박중술의 극적인 인생과 시련의 세월을 풀어내는 공간은 고향집이다. 그에게 고향은 단순히 태어난 장소가 아니라 인간이 경험할 수 있는 갖가지 역경이 고스란히 펼쳐지는 배움의 교실이다. 태어나서 지금에 이르기까지 모든 삶의 파노라마가 고향집을 배경으로 이루어지는 이유이다.
　그는 친구들과 함께 웃음꽃을 피우려고 〈고향집〉에 가끔 내려간다. 그때의 그는 세상을 따뜻하게 바라보고 아픈 몸을 긍정으로 수용하는 인격체로 성숙해 있다. 고향집으로 들어서는 순간 현실에서 과거로 옮겨가는 의식은 소멸되어버린 것들을 되살려주는 초시간적 이동을 행한다. 우물과 낡은 그릇과 장독대 옆 늙은 포도나무는 어머니의 자애로운 보살핌을 되살려 주고 논밭은 부농의 꿈을 이루었던 아버지의 인간 승리를 소환한다. 그들은 황강의 갈대와 밤하늘의 별만큼 무수한 어려움을 이겨내며 자식을 위해 살았으므로 그도 그들처럼 살아내려 한다.

사람은 살아가는 한, 갖가지 질병과 사고를 피할 수 없다. 질병은 본인의 노력과 의술로 대부분 치유된다고 하지만 예전에는 후유증을 남기는 경우가 적지 않았다. 그의 경우는 어린 시절의 천연두와 정년퇴직 무렵의 파킨슨병이다.

산다는 것을 철학적으로 설명하면 존재하는 것이지만 일반적으로는 목숨 줄을 이어가는 것이다. 명이 길거나 짧다는 것은 순탄한 삶인가 아닌가를 표현한 말이다. 그가 아기로 태어났을 때의 기쁨과 염려는 〈목숨〉에서 "새 생명의 기쁨"과 "미라 같은 아기"라는 대립의 낱말로 표현된다. "아기 몸에 악질이라는 마마님께서 함께 살자 한다."는 서두는 원하지 않는 운명을 감내해야한다는 암시다. 그가 태어난 당시는 의료 시설이 열악하여 천연두에 걸리면 어린 나이로 죽거나 곰보라는 흉터를 남기던 시절이었다. 고통은 비명을 저지를 정도였고 어머니는 간절한 기도 밖에 달리 할 일이 없었다. 그 악질로 인하여 어린 시절에 우울감과 반항심을 갖게 된다.

 그 아이는 자신의 얼굴이 다른 아이들과 달라 거울을 종종 뚫어져라 쳐다본다. 감수성이 예민한 소년 시절에는 흉터 때문에 다른 아이들처럼 웃을 수 없었다. 한번은 하천 둑에 불을 지르는 반항을 터뜨리기도 했다. 〈거울은 먼저 웃지 않는다〉는 이러한 반항과 다투면서 어머니의 자상한 이해심으로 어떻게 자신의 처지를 수용하게 되었는가를 진솔하게 그려냈다. 어머니의 말없는 이해심을 통해 인생에 시련을 마주하는 처신을 배운 것이다. 그럼으로써 이 작품은 그의 인격성숙과 인생론을 살필 수 있는 단서로 여겨진다.

 정년퇴직 후 백수의 여유를 즐기려 할 때 파킨슨병의 초기 증상이 발견된다. 정신적으로 극심한 타격을 입고 인생 이모작을 위해 부모님이 살던 집을 정성스럽게 관리해 온 계획도 허사가 된다. 두 번째 닥쳐온 절망은 벗어나기 힘든 늪과 같다. 하지만 이번에는 아내의 진심어린 부탁으로 극복의 행군을 시작한다. 부부가 어떻게 시련을 함께 이겨가는가를 보여준 감동적인 장면으로 평가할 만하다.

　　상념의 밤이 지속되던 어느 날, 자정이 훌쩍 지난 시각이다. 아내가 다과상을 차려와 마주 앉았다. 아무 말 없이 나의 두 손을 꼭 잡았다. 짧은 침묵을 깨고 작심한 듯 말문을 열었다. "당신 몸이 당신 혼자의 몸인가요. 어머니가 계시는데 왜 이렇게 약한 마음을 먹나요. 당신은 천연두를 이겨낸 이력도 있잖아요. 당신의 상대는 파킨슨이란 병보다 가슴속의 절망 때문입니다. 하루빨리 절망의 수렁에서 벗어나 자식들이나 나에게 당신이 베푼 은혜를 되돌려 줄 시간을 주셔야 합니다." 아내의 뜨거운 눈물이 내 가슴을 적셨다.
　　　　　　　　　　　　　　　　- 〈일병식재〉 중에서

"일병식재"는 병 하나를 안고 사는 노후에 건강관리를 잘하면 장수한다는 뜻이다. 이것은 그의 현실을 헤쳐 나갈 가장 적절한 언어로서 가족의 협조를 받아 투병의 위기를 헤쳐 가는 계기를 마련해준다. 물론, 가장 중요한 것은 당사자의 용기다.

그는 자신에게 알맞은 건강관리법을 찾아냈다. 약물요법과 하루 만보 걷기와 글쓰기를 필수 과목으로 하고 모임 참석, 노래 부르기, 집안의 대소사 참석하기 등을 선택 과목으로 정한다. 이것은 본인의 노력에 따라 불치병의 완급이 결정된다는 사실을 터득한 결과다. 최대의 악조건은 죽음에 대한 공포감이다. 사르트르가 공포는 가장 무서운 질병이라고 하였듯이 대부분 이것에 좌절하고 절망한다. 그는 체력을 단련하고 웃음과 문학을 통하여 12년 가까이 파킨슨병과 투쟁하는 생존 의욕을 가족과 주변에 보여준다. 무엇보다 난치병 극복의 방법으로서 수필가의 등단이 현실화한다.

박중술에게 문학은 가슴에 묻어둔 꿈이며 생명의 정화수다. 무엇보다 살아야한다는 존재의 증명으로 자리한다. 한때 등단을 꿈으로만 여겼지만 불치병과 우유부단의 치유법으로 간주하면서 진정한 글쓰기에 정진한다.

교수님의 강의는 내가 품어야 할 진짜 꿈은 글쓰기란 걸 깨우쳐주었다. 늦바람은 나이를 핑계로 한 '작심삼일 증세'를 잠재웠다.… 비로소 글쓰기에 흥미가 일기 시작했다. 독서와 습작을 하지 않으면 식사를 거른 것 같이 허전하여 밤늦게까지 공부하는 버릇이 생활화 단계에 자리 잡았다. 때를 같이하여 잠잠하던 선배 문우님들의 신인상 도전 권고가 간곡했다. 그분들의 성화를 이길 수 없다는 것을 알기에 틈틈이 써둔 습작으로 신인상에 도전했다. 드디어 무더위를 뒤밟아 온 가을바람에 가슴 뛰는 반가운 소식이 날아들었다.

- 〈글바람〉에서

글을 정독하고 철야 습작한 끝에 파킨슨병 9년 차에 신인상을 수상하면서 꿈속의 꿈의 이룬다. "문단에의 등단은 오랜 꿈이었다."는 첫 문장처럼 등단은 생명이 부활하는 등불이며 가족에게는 희망의 빛이다. 글의 즐거움과 보람으로 행복한 인생을 펼친 끝에 마침내 ≪녹꽃≫이란 첫 수필집을 상재하였다. 그 결실은 파킨슨병에 굴복하지 않고 당당하게 살아간다는 가장으로서 선언이다.

사람의 생명은 누구에게나 유한하다. 하지만 어떻게 사느냐에 따라 차원이 달라진다. 그는 노래와 웃음과 글쓰기가 "스스로 제조한 만병통치약"이며 신비의 명약이라고 확신한다. 기적은 신이 만드는 것이 아니라 인간이 스스로 만들어 낸다는 경우는 그를 두고 하는 말일 것이다.

3. 고향아, 고향아

주어진 운명을 의지력으로 바꾼 작가의 노력은 부모로부터 물려받은 유산과 같다. 사람들은 이것을 DNA라고 부르지만 그의 부모는 자력과 가족애로 농부의 긍지를 이루어낸 보기 드문 세대다.

박중술 부모의 세대들은 한국 역사에서 가장 힘든 시대를 거쳤다. 일제강점기의 징용과 공출, 소작농의 신분으로 육이오와 그 후의 보릿고개를 거치면서 자식을 위해 산다는 원초적 생존력으로 버텨왔다. 그들이 지닌 것은 오직 땀 흘리는 육체뿐이었다. 땅도 재산도 교육도 없었으며 나라의 보호도 제대로 받지 못하였다. 이러한 시대를 "배고픈 서러움과 문맹의 서러움과 헐벗은 서러움"으로 압축한 작가는 그것이 농사의 소중함을 가르쳐 주었다고 〈농자천하지대본〉에서 밝히고 있다. 그들 부모의 삶을 가까이 지켜보면서 농사의 소중함을 체득하고 은퇴 후에는 자연을 벗 삼아 제2의 인생을 살겠다고 다짐하였다.

박중술에게 부모는 "인생의 스승"이다. 아버지가 소작농에서 벗어나 자작농의 긍지를 이루기 위한 피땀 노동을 했다면, 어머니는 지극한 애정과 단아한 범절로 가족에게 법도를 가르쳤다. 두 사람은 집안의 기둥이자 어른이므로 항상 그들 만큼만이라도 되기를 소망한다. 불치의 질병과 끝없는 싸움을 하고 건강을 해치며 수필 작품을 써 온 저력도 부모의 정신력을 이어받고 싶어서였다.

소작농이었던 아버지가 자작농사꾼이 된 유토피아 건설은 〈농자천하지대본〉에서 수상하게 그려진다. 쟁기를 소재로 한 대표작 〈녹꽃〉과 가족이 함께 쌓은 흙 담장을 다룬 〈천생연분〉에 등장하는 아버지는 쟁기질과 지게질에 남다른 능력을 지녔지만 지주에게 매번 고개를 숙여야 했다. 우여곡절 끝에 구입한 갈대밭을 개간하여 논으로 만드는 과정은 가족의 생계가 달린 절대적 소명이므로 포기할 수 없었다. 잡초 뿌리를 제거하고 침수를 방지하기 위해 수년에 걸친 피나는 노력이 필요하였다. 지성이면 감천이라, 정부의 녹색 혁명 덕분에 농지개간이 이루어져 자갈밭이 문답옥답이 된 전화위복을 맞이한다. 이후 고진감래는 가훈이 되어 어떠한 시련도 극복할 수 있다는 신

념을 굳혀준다.

 평생에 걸친 아버지의 쟁기질을 문학적으로 승화시킨 작품이 표제작 〈녹꽃〉이다. 녹꽃은 쇠뭉치가 산화되어 녹이 쓴 것을 지칭한다. 아버지에게 쟁기머리에 달린 보습은 농군으로서의 자존심과 의지를 상징하는 중심언어였다. 하지만 아버지가 논갈이를 하던 중 보습에 찔려 망설이는 사이에 병이 도저 그만 세상을 떠나게 된다. 환부의 상처보다 농사 일이 더 중요했던 것이다

> 쟁기질은 한 해 농사의 기초를 놓는 일이다. … 그렇게 먼 거리를 맨발로 걸으면서 논밭의 돌부리에 채여 얼마나 많은 상처를 입었을까. 나무뿌리에 걸려 몇 번이나 넘어졌을까. 잘못을 핑계로 흙탕물을 뒤집어쓰는 모욕은 당하지는 않았을까. 아마도 크고 작은 사고가 수없이 많았을 것이다. 큰 일꾼은 아무 일도 아닌 양 티를 내지 않았다. 당신은 가난 때문에 헐벗고, 못 배우고, 못 먹어도 누구를 원망 같은 것은 1도 내색하지 않았다. 오직 농사가 천직인 양 일생을 바친 진정한 농사꾼으로 칭송받았다.
>
> － 〈녹꽃〉에서

뜻하지 않게 아버지의 농사일을 거든 쟁기의 끝 부분인 보습에 찔려 끝내 목숨을 잃는다. 가업을 지키겠다는 일념으로 보습에 묻힌 아버지의 피고름 자국을 찾기 위해 사고 현장을 파헤친 끝에 기어코 쇳조각을 찾아낸다. 그 보습조각은 단순히 쟁기의 일부가 아니라 진정한 농사꾼이었던 아버지의 일생을 반영하는 붉은 무공 훈장이다. 평생의 삶을 꺾어 버린 흉기이지만 아버지는 그 조각을 원망하지 않는다. 농부와 농기구 사이에 이루어진 상호 포용과 일체감은 "두 조각난 보습이 하나가 되었다. 보습의 몸통에도 떨어진 보습의 조각에도 똑같은 녹이 꽃처럼 피어 있었다."는 표현에서 나타난다. 작가는 비록 농사꾼이 못되었지만, 농민의 애환을 깊게 이해한 농민 수필가가 되었다.

아버지가 노동하는 가장이라면 어머니에서는 망백 이후의 쇠락과 임종을 통해 처연한 심사를 강조한다. 그 이유는 천연두를 앓으면서 어머니의 마음을 상하게 하였고 그녀의 품에서 생의 의지와 가족애를 되찾았기 때문이다. 더욱이 아버지가 돌아간 후 어머니의 여생을 편안하게 지켜 주지 못한 불효의 심정과 애석한 마지막 임종을 기록

해두어야 하기 때문이다.

  작가는 〈삭정이〉에서 "어머니의 일생은 여든 넘어서까지 농사꾼이었다."는 말로 어머니의 일생을 요약한다. 이 문장은 짧지만 긴 세월에 걸친 농부農婦의 힘든 삶을 설명하고도 남음이 있다. 반세기가 넘는 농사 일로 여인의 몸은 온전할 리 없다. 병원 출입이 잦아지고 중환자 침대에 눕는 일이 빈번해진다. 〈삭정이〉와 더불어 〈종명〉와 〈착한 임종〉은 불효자의 심정을 고스란히 드러낸다. 〈삭정이〉는 어머니의 노환을 회상한 글이다. 폐렴으로 응급실에 입원한 어머니, 90 인생의 파란을 알려 주는 밭이랑 같은 촘촘한 주름, 일곱 번에 걸친 척추 수술, 뼈를 깎는 시골 노동으로 생긴 골다공증…. 이것들은 어머니이자 아내인 여인이 감내해온 고통과 인내의 증거들이다. 그럴 때마다 작가는 어머니에게 무심했던 무관심을 자책하면서 이 모든 것이 오직 자식을 위한 희생이었음을 깨닫는다,

  〈고종명〉은 손자 손녀들을 보고 싶다는 희망에 따라 설날에 온 가족을 소집한 임인년 설날 아침부터 초사흘까지의 긴박한 시점을 배경으로 한다. "어머니의 세수는 아흔다섯이다."로 시작하여 "임인년 초사흗날 황혼"으로 끝나

는 가운데 이 작품은 "잠자며 떠나고 싶다."는 망인의 소망과 어머니를 보내 드릴 수밖에 없는 자식의 심정으로 짜여있다. 애도의 문장과 애자哀子의 비탄으로 썼다 할 만큼 모자母子는 생사를 떠나 무언의 교감을 나누는 문장으로 이어져있다. 반전은 온 가족이 북적거리던 설날 아침으로 일순간의 정적과 급박한 분위기로 빠져 들 때다. 왜냐하면 어머니는 그 전날 저녁까지 세뱃돈을 챙기고 아침에 입을 한복을 준비하는 의젓한 자세를 보여 주었기 때문이다.

〈착한 임종〉은 세상을 떠난 어머니의 안식을 기원하는 글이다. 임종 후 한 달이 지난 시점에 쓰인 서간체 형식에는 비통한 그리움과 슬픔이 시종 행간을 채우고 있다. 75년간 함께 한 세월과 마지막 정월 초하루라는 시간은 갈수록 선명해지는 어머니의 모습을 현재로 끌어 올린다.

자식을 위한 생존으로 시작하여 잠자듯 닥친 죽음은 어머니가 거쳐 온 이력을 완성한다. 13살에 그녀의 어머니를 보낸 절망에도 좌절하지 않고 살아남았던 모성의 근원이 작가에게는 생의 교훈으로 남는다. 죽음은 피할 수 없다는 사실과 사람 목숨이 모질다는 모순의 고리를 자식을 위한 삶이라는 구심점이 만나게 한 것이다.

> 어머님은 고苦의 해법을 몸소 실천하였다. 가난의 고통을 두려워하기보다 낮에는 농사일을 하고 밤에는 베틀에 앉아 근검절약을 몸소 실천하여 가난의 고를 벗어났다. 인생은 공수래공수거가 아니라 빈손으로 왔다가 업적 하나 정도는 남기고 가야 한다고 했다. 당신께서는 이를 실천하기 위해 자신의 몸을 그렇게도 혹사하였는지도 모른다. 근검절약정신으로 이룩한 땅을 고스란히 남겨두고 가셨다. 근검정신은 자손들에게 전설로 이어질 것이다.
> - 〈고종명〉에서

작가는 "어머니는 자신의 희망으로 고통 없이 하늘나라로 떠났지만 어머니의 모습은 변함이 없다."는 말로서 자신을 다독인다. '10여 년을 하루같이 같은 시각에 기침하시어 세수하고 몸단장하여 자식 며느리의 배웅 받으며 요양원 차에 오르던 모습'은 〈시골집〉이 지닌 품격 있는 아우라 중의 하나다. 산자는 무엇으로 죽은 자의 일생을 기억하는가. 남긴 물건이나 유언도 있지만 결코 소실되지 않는 평소의 모습 자체가 가장 생생하다. 그 인품은 남은 가족에게는 결코 깨어지지 않는 거울과 같다.

4. 사물을 의관衣冠으로 보는 시선

 모든 사물은 무정의 무생물이다. 그것이 사람 손에 쥐이면 나름의 기능과 의미를 갖는다. 개인의 성격에 따라 따뜻하기도 하고 냉정하거나 차가운 물질성을 지니기도 한다. 농촌에서는 나무 지게와 쇠 삽과 흙담은 노동과 가족애의 상징체로 다가온다. 이것을 다룰 때 성가신 일거리로 여기는가, 아니면 가족을 위한 이기利器로 여기느냐에 따라 당사자의 인생론이 달라진다.

 시골의 사물과 농기구를 풀어내는 박중술의 시선은 항상 따뜻하고 푸근하다. 그는 농부의 필수품인 지게를 "농부의 등짐은 무거워야 신이 난다."고 풀어내어 가족을 위한 일이라면 아무리 힘들어도 기꺼이 짐 지는 농촌 방식을 예찬한다. 가족의 생계를 위해서 무거운 짐을 지더라도 "밝게 웃는 웃음이 가장 행복하다."는 웃음론은 그의 인생관을 단적으로 보여준다. 나아가 지게를 짐의 귀천을 가리지 않고 청탁을 구별하지 않는 "의관"으로 지칭하여 인생의 명약이 "매사를 낙천적으로 바라보는 웃음"에 있음을 알려준다.

〈지게〉는 먼 산에 나무 하러 갔던 첫 지게질을 적고 있다. 돌아올 길을 잃었을 때 마중 나온 아버지가 아들이 지게 진 모습을 보고 환하게 웃는 모습은 쓰라린 경험 뒤에 오는 웃음의 자양분이 어떻게 얻는지를 설명해준다. 작가는 웃음에 결코 〈공짜는 없다〉는 진실과 함께 모든 것이 저절로 얻어지지 않음을 어린 시절부터 체득하였다. 그 교훈을 단 한순간도 잊지 않은 그는 투병하고 글을 쓰면서 오히려 주변 사람을 격려하기까지 한다. 이렇듯 작가는 무생물 지게에 생명을 불어넣은 수필을 쓰고 있다.

〈늙은 담장〉은 가족의 중요성을 구현한 작품이다. 초등학교 시절 온 가족이 개미처럼 힘을 합쳐 쌓았으므로 고향집 담장을 "만리장성"으로 부른다. 흙과 돌을 실어 나르는 일부터 흙으로 돌을 얽어매는 일이 오죽 힘들었으면 '게으른 사람이 담을 튼튼하게 쌓는다.'는 속담을 빌려올까 싶을 만큼 온 가족이 합심하여 쌓았다는 뿌듯한 표현이라 하겠다. 아버지가 평생 동안 보여준 근면의 의지를 상징하는 담장을 지켜볼 때마다 작가는 일머리의 교훈이 삶의 자양분임을 깨닫는다.

흙을 반죽하고 돌을 쌓는 고진감래에서 작가가 체득한 것은 웃음이다. 그에게 웃음은 단순히 행복의 표정이 아니라 사람이 어떻게 살아야 하는가를 말하는 건강한 지표다. '웃으면 복이 온다.'는 말조차 그에게는 소중하기 이를 데 없는 삶의 방식이다. 하지만 만병통치약으로까지 부르고 싶은 간절한 언어에는 역설적으로 파란만장하고 곡절 많았던 인생사가 숨어있다.

험난한 농촌살이를 이겨낸 농민들은 웃음으로 감정을 표현한다고 그는 말한다. 그들 농민들은 역경조차 웃음으로 이겨낸다. 〈보약 같은 웃음〉은 고난을 함께 나누는 농촌애를 웃음이라는 모티프로 펼쳐낸 작품이다. 보릿고개에는 따뜻한 웃음으로 배고픔을 이겨내는 이웃이 되고, 정초에는 풍년을 기원하는 풍물놀이로 활짝 얼굴을 펴고, 힘겨운 모내기조차 웃음으로 잠재운다. 추수감사제에는 웃음으로 풍년을 만끽하고, 김장을 하고 초가지붕 이엉을 엮는 일은 웃음의 화로로 추억한다. 시골에서는 어른아이 모두가 웃음 한마당에 참가한 연출가이고 배우라는 설명만큼 시골에 대한 애정을 보여주는 표현이 없다. 이런 긍정적인 그의 해석은 시골에서 살겠다는 이상과 자연스럽게 이어진다.

> 웃음은 부자들의 전유물이 아니다. 웃음은 모두의 가슴속에 있다. 언제든지 꺼내 쓰기만 하면 된다. 웃음이 비록 저마다의 가슴에 있다하더라도 유유히 흐르는 강물과 바람, 공기와 함께 우리 모두의 공동소유라 할 수 있다. 보릿고개 시절의 그 웃음들이 아름다운 그리움으로 다가온다. 어려웠던 시절에 이웃과 함께한 그 웃음을 다시 찾을 묘안은 없을까?
>
> - 〈보약 같은 웃음〉에서

웃음은 부자들만의 전유물이 아니다. 웃음은 모두의 가슴 속에 있으므로 언제든지 꺼내 쓰기만 하면 된다. 웃음이 유유히 흐르는 강물과 바람 공기와 함께 모두의 공동소유라는 설명만 들어도 보릿고개의 아픔조차 아름다운 정취로 다가온다. "어려웠던 시절에 이웃과 함께 한 그 웃음을 다시 찾을 묘안은 없을까."라는 희망도 가난을 낙천적인 해학으로 바꾼 수사법으로서 손색이 없다.

박중술은 웃음이 시련을 이겨내는 힘으로 간주한다. 웃

음의 2부작 중의 다른 하나는 〈묘약〉이다. 〈보약 같은 웃음〉이 농촌에서의 웃음을 설명한다면 〈묘약〉은 삶의 애환을 치유하는 은유를 도입한다. 정월 대보름은 가정의 행복을 기원하는 축제로, 농번기는 오체투지의 수행으로, 논매기는 인내의 극치로, 한겨울은 진정한 웃음판이 펼쳐지는 마음 부자로 그려낸다. 그래서 지금 도시에 살고 있다 하더라도 그는 시골에서 배운 웃음이야말로 삶의 애환을 치유해 주는 묘약이라고 믿는다.

그러므로 도시 생활이 고달프면 웃음의 시절을 되찾기 위해 〈옛 집〉으로 간다. 이 수필은 작가의 귀거래사로서 10여 년 전부터 문우들과 시골 쉼터로 웃음여행을 하고 있다.

> 문우들의 대화는 별다른 주제도 없이 그저 하하하 호호호 한다. 그런데 무심코 하는 호호 하하 대화 가운데 진정성이 자리 잡고 있다는 사실을 깨달았다. 화기애애한 그들의 대화 속에는 나의 가슴을 따스하게 하려는 마음으로 꽉 차 있었다. 그 마음 때문에 잠시나마 불치병의 고통을 잊을 수 있었다.
>
> － 〈옛 집〉에서

"옛 집으로의 여행"은 부모와 가족이 살던 시절로 귀거 歸去하고 불치병을 의지로 이겨내는 여유를 마련해준다. 고향집에 남아있는 예전의 농기구는 부모에 대한 그리움을 되살려 주고 고양이 한 쌍과 우물과 갈대숲과 저녁달은 그윽한 휴식처를 만들어 준다. 이런 소재들은 "피땀 노고와 기쁨이 충만한" 가치를 지닌 귀중하고 품격 있는 의관衣冠과 같다. 그래서 작가는 "버려서도 잊을 수도 안 될 나의 보물"이라고 삶의 명세서에 기록해나간다.

5. 녹꽃의 빛은 무한하고

수필은 작가가 살아온 과거의 시간을 현재에 집약하는 정신 여행이다. 묻힌 기억을 언어로 되살려 다시 그전처럼 삶의 발자국을 딛는 작업이라는 것이다. 독자들이 잘 읽을 수 있게 《녹꽃》이라는 작품집은 〈일병식재〉를 첫 작품으로 내걸고 마지막 제4부에서는 〈당신의 자유〉라는 시 한편을 내건다. 이로써 천연두에 걸린 어린 시절부터 아내에게 감사를 전하는 지금까지 단 하나의 가족과 물상도 놓치지 않고 웃음이라는 이미지로 자신의 초상화를 그려내었다. 이제 그는 인생 5막에서 지금껏 헌신해온 아내를 무대에 세워 감사의 인사를 전한다.

> 산같이 높고 신선한 사랑이
> 살아가는 힘이 되었다
> 나의 병마로 구겨진 당신의 세월
> 오래되어 미안하네요
> 더 미안한 일이 생겼네요
> 받은 사랑 되갚을 길이 없어
> 미안하단 말 부족한 줄 알지요
> — 〈당신의 자유〉 첫 연

"아내여/ 나로 인해 당신의 자유가 구속되지 않기를"로 매김 하는 〈당신의 자유〉는 아내에게 바치는 〈동병상련의 이별〉과 〈아내〉라는 두 편의 시와 더불어 지금까지 살아온 삶과 지금까지 이루어낸 그의 수필이 지향하는 단 하나의 출구이고 종착지다. 박중술 작가의 다감한 효성과 따뜻한 부부애로 박음질한 ≪녹꽃≫이 항시 우리 곁에 놓이는 이유이기도 하다.

녹꽃

초판1쇄 발행 2024년 8월 20일

지은이 박중술
펴낸이 이길안
펴낸곳 세종출판사

주소 부산광역시 중구 흑교로 71번길 12 (보수동2가)
전화 051-463-5898, 253-2213~5
팩스 051-248-4880
전자우편 sjpl5898@daum.net
출판등록 제02-01-96

ISBN 979-11-5979-702-6 03810

정가 15,000원

이 책은 저작권법에 따라 보호받는 저작물이므로 무단전재와 무단복제를 금지하며, 이 책 내용의 전부 또는 일부 내용을 재사용하려면 사전에 저작권자와 세종출판사의 동의를 받아야 합니다.

* 잘못된 책은 교환해 드립니다.